D1573646

S

Ror Wolf
Pfeifers Reisen

Gedichte

Schöffling & Co.

Erstausgabe

Erste Auflage 2007
© Schöffling & Co. Verlagsbuchhandlung GmbH,
Frankfurt am Main 2007
Alle Rechte vorbehalten
Satz: Reinhard Amann, Aichstetten
Druck & Bindung: Pustet, Regensburg
ISBN 978-3-89561-320-3 (Normale Ausgabe)
ISBN 978-3-89561-322-7 (Vorzugsausgabe)

www.schoeffling.de

Inhaltsverzeichnis

I

HANS WALDMANNS ABENTEUER
VIERTE & LETZTE FOLGE
(1995–2006)

Erstes Stück des letzten Teils	15
Waldmann und der nasse Tod im Süden	17
Waldmann widmet sich der Eisenbahn	20
Oben unten rechts und links	22
Waldmann schreibt mit seiner rechten Faust Geschichte	24
Waldmann beobachtet das Herabfallen, macht sich aber keine Sorgen	27
Waldmann hat keine Zeit für Katastrophen, nimmt seinen Koffer und geht	29
Eine ziemlich unübersichtliche Lage	31
Der Dosendeckel und der Dosenboden	32
Die Worte die Worte und andere Worte	34
Das kurze und das lange Lachen	36
Waldmann und ich, eine ziemlich kurze Begegnung	37
Das Aufquellen, das Fortfließen und noch etwas	39
Waldmann verläßt die Heimat, bezieht ein Hotel, ändert seine Gewohnheiten und muß mit dem Schlimmsten rechnen – Eine Entwicklung in 10 Teilen	43
Waldmanns letzte Rede auf der Versammlung der Kohlenhändler in Marl	55
Waldmann hat sich auf den Kopf gestellt	58
Waldmann beantwortet einige Fragen im Radio	60

Neunzehnhundertneunzig im August 62
Das Geräusch und das Gewicht des Lichts 65
Waldmann und die Witwe. Letzter Versuch 68
Waldmann wird aufgeschlitzt und lebt weiter 71
Das Ende der Betrachtung 75
Musik und Einsamkeit 78
Dämmerungserscheinungen 80
Abschließende Bemerkungen 82
EPILOG
Die Entwicklung des Zusammenhangs 83

2
DOKTOR PFEIFERS REISEN
EIN VERS-EPOS IN 40 UMDREHUNGEN
(2006) 85

3
HERR Q
ANSICHTEN ABSICHTEN EINSICHTEN
AUSSICHTEN
(1977 / 78)

Q zeigt ein ungewöhnliches Maß an Zurückhaltung
  und macht sich seine eigenen Gedanken 129
Q erscheint im richtigen Moment und findet
  seine Fassung wieder 130
Q und die Stimmung im allgemeinen 131
Q sitzt rauchend im Sessel und versucht,
  die Welt von ihrer heiteren Seite zu betrachten 132
Q kommt später als vorgesehen und verschwindet
  in den Straßen von Kaiserslautern 134

Q steht auf und gibt einen abschließenden Bericht
  zur Lage 135
Q macht eine Reise ans Meer und vergißt
  seinen Hut 136
Q macht einen erschöpften Eindruck und sagt nichts 138
Achtung, wir werden beobachtet 139
Q kommt an. Er kann sich über eine kurze Strecke
  fortbewegen und bleibt dann stehen 141
Q spricht jetzt über das Fallen 142
Alles andere später 144

4
NEUNZIG GELEGENHEITSGEDICHTE
AUS DEM NACHLASS (1956–2006)

Das Wetter hauptsächlich (1956) 147
Meine Damen und Herrn (1956) 148
Drei kleine Nachtgedichte 149
1. Brot und Braten (1958) 149
2. Das verlorene Ohr und andere Behauptungen 150
   (1958)
3. Der Eierkuchen des Zauberers (1958) 151
Am Rande des Meeres (1959) 152
Die dicke Suppe *oder* Moll ändert sein Leben
  und ändert es gleich wieder (1959) 153
Das beinahe unbemerkte Verschwinden des
  Donnerstags (1959) 154
Notwendige Betrachtungen in der Nähe der Welt
  (1960) 155
Die Tiefe des Bieres (1961) 156
An einem kalten Abend im November (1961) 157
Vier Herren waren auf ein Bier gegangen (1961) ... 158

Am Ende des vergangenen Abends (1962) 159
Zwei Herren am Abend (1962) 160
Die Verwirrung wächst im Oktober 62 (1962) 161
21 Uhr. Bahnhofsrestaurant. Ende des ersten Tages
  (1965) 163
Aus dem Inneren des Mundes (1965) 164
Leichtes Schneien in St. Gallen (1965) 165
Nichts Neues. Wenigstens auf den ersten Blick
  (1965) 166
Siebzehn Tage unterwegs oder achtzehn Tage
  1. Lange Fassung (1966) 167
Siebzehn Tage unterwegs oder achtzehn Tage
  2. Kürzere Fassung (1966) 168
Siebzehn Tage unterwegs oder achtzehn Tage
  3. Noch kürzere Fassung (1966) 169
Ankunft in Basel 21 Uhr 40 (1966) 170
Ich verschaffe mir eine kleine Erleichterung und
  gehe ein Stück spazieren (1966) 171
Nächtliche Bahnhofsgeräusche (1966) 172
Überfrierende Nässe (1967) 174
Die Veränderung der gesellschaftlichen Verhältnisse
  in Baden-Baden (1967) 175
Die große Ruhe der Weltkörper (1967) 176
Allgemein und insgesamt gesehn (1968) 177
Gesang beim Aufhängen nasser Wäsche (1968) 179
Drei unvollständige Versuche das Leben
  zu beschreiben
  ERSTER UNVOLLSTÄNDIGER VERSUCH (1968) 180
Nichts (1969) 181
In Offenbach stürzt eine Dame zu Boden (1969) 182
Schwierigkeiten auf dem Weg nach Süden (1970) 183
Anfang Mitte Ende (1971) 185
Alles andre: ungewiß (1971) 187

Roaringwater Bay (1971) 188
Die lasterhaften Straßen von Berlin (1971) 189
Die Empfindlichkeit des Mondes und des Mundes
 (1972) 190
Verschiedenes (1972) 191
In Bornheim, aus dem Fenster hinausgesprochen
 (1973) 192
Das ungeheuer langsame Leben in Frankfurt-Ost
 (1973) 194
Bei Einbruch der Dunkelheit (1973) 196
Nach dem Öffnen des sechsten Bieres im Mai
 (1973) 197
Der Autor verläßt den Boden der Tatsachen
 und zieht nach Mainz (1973) 198
Damen und Torten in einer Parklandschaft (1974) ... 199
Das Wort, das Loch, das Meer (1975) 200
Vorgänge, Bewegungen und Geräusche in,
 ich glaube, Wolverhampton 1. (1976) 201
Vorgänge, Bewegungen und Geräusche in,
 ich glaube, Wolverhampton 2. (1976) 202
Vorgänge, Bewegungen und Geräusche in,
 ich glaube, Wolverhampton 3. (1976) 203
Vorgänge, Bewegungen und Geräusche in,
 ich glaube, Wolverhampton 4. (1976) 204
Vorgänge, Bewegungen und Geräusche in,
 ich glaube, Wolverhampton 5. (1976) 205
Mitteilung an den Bürgermeister von Bad Orb
 (1977) 206
Die nächtlichen Ereignisse im Winter 79 (1979) 207
Ab nach Amerika (1979) 208
Fünf Kalendergedichte (1980) 209
Gebratenes Sonett (1980) 211

Anfang achtzig
Die Vernichtung der Langeweile durch Musik
    (1980) 212
Anfang und Ende in Z (1982) 214
Schlechte Stimmung im Süden (1982) 215
Oben in Ober-Olm (1982) 216
Erfreuliche Neuigkeiten (1983) 217
Vier Männer in Mänteln (1985) 218
Im Bereich eines Tiefdruckgebietes (1986) 219
Die letzte Woche im März (1993) 220
Sechs Damen aus Ober-Olm (1993) 222
Gemüsegedicht (1993) 223
Drei unvollständige Versuche das Leben
    zu beschreiben
    ZWEITER UNVOLLSTÄNDIGER VERSUCH (1995) . . . 224
Moll oder der tiefe Tod in O (1997) 226
Miss Molly Mann (1998) 228
Der Regen von oben (1998) 230
Montag 20 Uhr 30 (1999) 231
Im Süden von Frankfurt am Main (2000) 232
Bei der zufälligen Betrachtung des Mondes im April
    (2001) 234
Das unwahrscheinlich schöne SCH und
    der Abschied von Schanghai (2002) 235
Das Ende der Gemütlichkeit (2002) 236
Einige unnötige Andeutungen über irgendetwas
    (2002) 238
Drei unvollständige Versuche das Leben
    zu beschreiben
    DRITTER UNVOLLSTÄNDIGER VERSUCH (2002) . . . 240
Das Wetter von morgen (2003) 241
Ein Abend eine Nacht und ein Morgen in Gent
    (2004) 243

Das nordamerikanische Herumliegen (2005) 244
Klöße und Gesang (2005) 246
Am Samstag im September vor drei Jahren (2005) . . . 247
Im Zustand vergrößerter Ruhe (2005) 249
Abschied mit Zigarren (2005) 251
Siehe oben. Siehe unten (2006) 252

Hans Waldmanns Abenteuer
VIERTE & LETZTE FOLGE
1995 bis 2006

Erstes Stück des letzten Teils

Jetzt kommt der Moment auf den wir warten.
Er beginnt mit einem kurzen harten

Knall. Heraus aus der Vergangenheit
stürzt Hans Waldmann, kalt und zugeschneit.

Er erscheint und sagt ganz allgemein:
Wenn es sein muß, muß es eben sein.

Waldmann, er steht da und er beginnt,
und er sieht die Dinge wie sie sind.

In der Ferne hört man Nacken knacken,
Kuchenbacken ach und Knochenhacken,

Wolken kratzen und Tapeten platzen,
und man hört ein Schmatzen auf Matratzen.

Waldmann, um die Ruhe herzustellen,
geht davon mit seinen leichten schnellen

Schritten, und man hört Hans Waldmann sprechen.
Stühle kippen um und Wände brechen,

Teller klirren kalt und Tüten knallen,
Herren schreien auf und Damen fallen.

Wie die Welt so ist, so ist sie eben,
und genauso ist es mit dem Leben,

sagt Hans Waldmann, hier am Rand von O:
Wenn die Welt so ist, dann ist sie so,

sie verschwimmt dort an den weichen Rändern,
aber das ist leider nicht zu ändern.

Waldmann steht am Rand von O und spricht:
Wenns nicht geht, dann geht es eben nicht.

Waldmann hebt die Hand und sagt vergnügt:
Nun ist Ruhe, doch die Ruhe trügt.

Waldmann und der nasse Tod im Süden

Waldmann schweigt, so wechseln hier die Szenen.
Leichenbleich sieht man das Meer sich dehnen.

Schiffe gleiten sanft vorüber, Tang
treibt vorbei, den ganzen Abend lang.

Waldmann steht vermummt und stumm am Rand,
schwarz und hart und kalt und unbekannt.

Was er sieht, gefällt ihm nicht so sehr.
Rechts sieht er das Meer und links das Meer.

Diese Welt ist ganz vom Meer bedeckt,
sagt Hans Waldmann und wird fortgeleckt.

Er wird eingeschlürft vom Ozean.
Waldmann schweigt, es wirbelt der Orkan,

der Orkan, er tobt und brüllt und zischt.
Später wird Hans Waldmann aufgefischt.

Der Vergnügungsdampfer, wie man sieht,
bringt ihn in ein südliches Gebiet.

Waldmann ist zufrieden und an Bord
trifft er den Baron, den Scheich, den Lord,

den Direktor und den Attaché,
die Baronin und auf hoher See

trifft er den Vertreter und am Mast,
den Minister und den dunklen Gast,

den Tenor und auf dem Liegesitz
Herrn Professor Doktor Winternitz.

In der Abendluft, der leichten frischen,
sieht man Damen weiß vorüberwischen,

und man sieht mit eleganten Fliegen
Herren über diesen Damen liegen.

In den Gängen und in den Kajüten
findet statt ein Fest mit bunten Hüten.

Und beim großen Ball im Speisesaal
tanzt die Witwe mit dem Admiral.

Ach es ist ein Wiegen und ein Schwingen,
Leuchtraketen zischen und zerspringen,

Röcke fliegen hoch und Haare wehen,
sowas hat man lange nicht gesehen.

Plötzlich ist das Meer ganz angeschwollen.
Ein Gesang dringt aus den wundervollen

Luken und den weichen Schiffskabinen.
Gläser zittern, Teller, Punschterrinen,

Schrauben brechen ab und Maste knicken,
und Matrosen fallen von den Stricken,

und man sieht, soweit die Augen reichen,
Takelagen, Tonnen, Gangspillspeichen.

Der Tenor versinkt, der Graf, der Lord,
der Minister, schweigend, undsofort,

der Direktor und der Attaché,
der Vertreter und der Conférencier.

Nur Hans Waldmann wird ans Land geschwemmt,
dieses Land ist hart und kalt und fremd.

Und hier steht er wieder schwarz am Rand,
stumm, mit einer ausgestreckten Hand.

Waldmann widmet sich der Eisenbahn

Achtung: Waldmann fuhr von Anfang an
große Strecken mit der Eisenbahn.

In der Gegend wo Hans Waldmann fuhr,
fuhr er hin und her, rund um die Uhr.

Dabei widmet er sein Augenmerk
einem Berg und einem zweiten Berg.

Er befindet sich zur Zeit in Schierke,
irgendeinem mittleren Gebirge.

Aber plötzlich sagt Hans Waldmann: Nein,
wo ich bin, das kann nicht Schierke sein.

Das ist Colorado oder so,
Colorado oder Idaho.

Bäume krachen dumpf und Wälder stöhnen,
daran, sagt er, kann ich mich gewöhnen.

Eine Nacht vergeht, die zweite Nacht
und die dritte Nacht, Hans Waldmann lacht,

und der Zug, er fährt in größter Eile,
tief hinunter – weiter nächste Zeile.

Waldmann ist jetzt schneller als der Dampf.
In der Ferne findet statt: ein Kampf.

Waldmann mit dem lauten Ruf: Indianer!
weckte aus dem Schlaf die Eisenbahner.

Zwanzig Männer oder dreißig tot,
oder vierzig tot im Abendrot.

Schall und Rauch dahingeweht und Ruß,
und die Spitze eines Damenschuhs.

Noch ein kalter Pfiff, mit diesem Ton
fährt Hans Waldmann noch einmal davon.

Waldmann winkte höflich aus dem Zug
und verschwand und das ist jetzt genug.

Oben unten rechts und links

Nebel sieht man leicht vorüberwehen.
Waldmann ist am Anfang nicht zu sehen.

Später sieht man ihn noch immer nicht,
oben unten nicht, im Straßenlicht,

rechts und links nicht und auf keinen Fall
vorne hinten, kurzum: Überall

sieht man nichts von Waldmann, keine Spur,
man sieht nur die Wunder der Natur.

Die Natur ist aufgebläht und groß,
weich und hart und manchmal wolkenlos.

Die Natur ist dick und dürr und ungefähr
leicht und schwer und sie ist voll und leer.

Die Natur ist ganz vom Dreck bedeckt
oder hier und dort wie abgeleckt.

Die Natur fliegt durch die Luft und schreit.
Die Natur ist laut und leise, eng und weit.

Die Natur fällt mitten in der Nacht,
erst ganz sacht und dann mit aller Macht.

Die Natur ist flach und abgerieben,
schlaff und straff, gewölbt und aufgetrieben.

Die Natur hat alles aufgerissen,
ausgesogen oder abgebissen,

und ein Mann springt schnell durch die Natur,
heute, Mittwoch, zweiundzwanzig Uhr,

dort, er wird vom Sturm davongetragen,
kopflos, hutlos, mehr ist nicht zu sagen.

Waldmann schreibt mit seiner rechten Faust Geschichte

Waldmann hat den Mantel abgelegt
in Las Vegas. Wild und aufgeregt:

Siebzigtausend Menschen auf den Rängen,
die sich drängen, dort und auf den Gängen.

Jeder will Hans Waldmann jetzt berühren
und will seinen Oberkörper spüren.

Jeder will ihm auf die Schultern schlagen.
Alles wird im Radio übertragen.

Das ist ganz nach dem Geschmack der Massen:
Hoch Hans Waldmann, dreimal hoch die Tassen.

Waldmann in der Ecke, vor dem Sprung.
Was nun folgt, ist die Erinnerung

an die großen Zeiten dort im Ring,
denn im Ring war Waldmann absolut der King.

Damals sah man schon nach wenigen Minuten
Dempsey fallen und Gene Tunney bluten.

Corbet fiel direkt auf das Gesicht,
Sharkey fiel, nur Waldmann der fiel nicht.

Man sprach von Carnera und Max Baer,
Waldmann gähnt, das ist schon lange her.

Cassius Clay zum Beispiel wird erwähnt,
Walcotts Name fällt, Hans Waldmann gähnt.

Ezzard Charles und wen es sonst noch gab,
selbst Joe Louis – Waldmann winkte ab.

Wie gesagt und wie bereits beschrieben,
hat er auch James Braddock aufgerieben.

Waldmann schlug ihn nieder auf der Stelle,
Frazier folgt und viele andre Fälle

folgen, Marciano, Leon Spinks,
Waldmann schlug auch Patterson mit links,

danach drückt er Foreman, par exempel,
seine Faust ins Angesicht, als Stempel.

Schmeling, sagt Hans Waldmann, ach, der Max,
Schmeling, der war wirklich nicht aus Wachs.

Sonny Liston schrie und schrie schon wieder,
Waldmann schwieg. – Ich schreibe es hier nieder.

Tut mir leid, mein Herr, das ist mein Stil,
sagt Hans Waldmann, nein, er sagt nicht viel.

Waldmann hat sie alle weggeräumt.
Nun liegt er am Boden dort und träumt,

ganz versunken in die eigne Welt.
Waldmann liegt am Boden, Waldmann fällt.

Wenn er fällt, erhebt er sich gleich wieder.
Larry Holmes, Jim Ellis schlug er nieder.

Er kann immer noch fast jeden schlagen,
Waldmann, wie in den vergangnen Tagen.

Heute tritt er auf für gute Zwecke.
Still kommt er heraus aus seiner Ecke,

auf den Stühlen steht das Publikum,
kill him, Waldmann, kill him, bring ihn um!

Waldmanns Antlitz zeigte keine Regung,
nur die Beine waren in Bewegung,

einmal, zweimal, zwanzig- dreißigmal.
Waldmann schluckte alles, ganz egal.

Achtung: Letzter Teil des letzten Falles.
Und der Gong beendet wirklich alles.

Dann zuckt man die Schultern und sagt kalt:
Waldmann, ja, jawohl, so ist er halt.

Waldmann beobachtet das Herabfallen, macht sich aber keine Sorgen

Alles was herunterfällt beim Schreiben
will uns Waldmann jetzt beim Weitertreiben

durch die Welt in aller Ruhe schildern,
und das tut er in den nächsten Bildern.

Alles, sagt Hans Waldmann, fällt herab,
knapp an uns vorbei, ganz knapp.

Pflaumen fallen fett und harte Nüsse,
Graupelschauer, Schnee und Regengüsse.

Eine Uhr fliegt blutig aus der Luft,
zwischen zwei und drei und jemand ruft.

Männer fallen staubbedeckt und winkend
und den grauen Staub abklopfend, trinkend,

die gesamte schwere Körpermasse
des Vertreters liegt dort auf der Straße,

auch den Unbekannten hört man stöhnen,
doch es hätte schlimmer kommen können.

Man hört jetzt ein Knacken und inzwischen
hört man auch ein Fauchen und ein Zischen,

klatschend fallen Schlangen dick vom Dach,
viele Meter lang und drückend: ach,

Salamander, Frösche, Vögel, Stühle,
Tische und, am Ende der Gefühle,

Schrott und Schlamm und Schlick und Müll und Mist.
Alles was herabgefallen ist,

und noch viele andre Gegenstände,
sieht man überall in dem Gelände,

und der Himmel ist wie Milch geronnen.
Waldmann sagt: ich möchte es betonen:

Alles was von oben kommt und fällt,
fällt an uns vorbei auf diese Welt.

Alles fällt herab, man hört es krachen,
doch man muß sich keine Sorgen machen;

denn was heute liegt wird morgen stehen.
Vielleicht sollten wir jetzt weitergehen.

Nein, wir gehen nicht, wir bleiben hier.
Und wir sitzen stumm beim vierten Bier.

Waldmann hat keine Zeit für Katastrophen, nimmt seinen Koffer und geht

Waldmann wird mit dem Beginn beginnen.
In der Ferne hört man Regen rinnen.

In der Ferne hört man Explosionen.
Waldmann hat mit dem Beginn begonnen.

Waldmann hört ein Knistern und ein Knirschen,
von der Zimmerdecke fallen Kirschen.

Alles gut, es ist nicht viel passiert,
nur ein Einmachglas ist explodiert.

Heizungskörper knacken, Kaffeekannen,
Kaffeekannen klappern, Töpfe, Pfannen,

Tassen klirren, Schüsseln, Suppenteller.
In der Tiefe pocht der Kohlenkeller.

Dämpfe steigen auf und schwarze Schwaden.
In die Luft fliegt ein Gemüseladen.

Straßenlampen knicken, Schlote knacken,
Güterschuppen brennen und Baracken,

Wassertürme schwanken, Lagerhallen,
Gasometer platzen und zerknallen,

und der Druck zerfetzt die Fensterscheiben.
Menschen schreien beim Vorübertreiben.

Giebel brechen, Erker und Balkone.
In der Ferne klingeln Telefone.

Alles zittert und der leichte Mond
oben schwebt davon, ganz unbewohnt.

Nichts ist mehr zu sehen, weit und breit,
und zum Hören ist jetzt keine Zeit.

Diese Welt: auf ihrem dicken Bauch
geht es weiter und ich gehe auch,

sagt Hans Waldmann freundlich und diskret.
Er nimmt seinen Koffer und er geht.

Was er denkt, ist wirklich schwer zu sagen,
man erfährt es in den nächsten Tagen.

Alles kracht, es folgt ein ungeheurer
Knall. Und auch der Bus wird teurer.

Eine ziemlich unübersichtliche Lage

Waldmann tritt ins Bild, er kommt von hinten,
und er sagt: ich werde etwas finden.

Langsam bricht die Dunkelheit herein.
Waldmann findet irgendwo ein Bein

und ein zweites Bein und dann das dritte,
und ein viertes, etwa in der Mitte.

Waldmann findet *dort* etwas und *hier*,
beispielsweise findet er ein Bier

auf dem Tisch und Waldmann kippt es fort.
Waldmann findet *hier* etwas und *dort*.

Oben findet er etwas und *unten*,
aber sonst hat Waldmann nichts gefunden,

nicht einmal beim Schein des Lampenlichts.
Nichts, sagt er, ich finde leider nichts.

Nein, das kann nicht stimmen. Doch, es stimmt.
Dort geht Waldmann und das Bild verschwimmt.

Der Dosendeckel und der Dosenboden

Waldmann will sich vor dem Weitergleiten
auf ein Abendessen vorbereiten.

Es beginnt mit einer heißen roten,
Haltbarkeit bis: siehe Dosenboden,

dicken Dosensuppe von Tomaten,
in der Nähe knarrt der Fensterladen,

und für ganz besondren Gaumenkitzel
sorgt ein aufgetautes Jägerschnitzel,

zum Dessert serviert man ihm gerade
eine tote Zwiebelmarmelade.

Waldmann läßt die Hand herunterfallen,
und man hört ein Knallen oder Prallen.

Waldmann sagt: Jawohl, es hat geschmeckt.
Guten Tag, der Tisch wird abgedeckt.

Doch er hat den Tisch schon tief im Magen,
und danach hört man Hans Waldmann sagen:

tief im Magen, Leser, oder nicht,
meine Herrn, ich esse jetzt das Licht.

Danach sitzt Hans Waldmann ganz im Dunkeln,
keine Rüben ißt er, keine Runkeln,

er hat das, worauf Hans Waldmann saß,
aufgegessen, seinen Stuhl, er aß,

während es gespielt wird, das Klavier,
schwarz und weiß mit allen Tasten hier.

Er hat ins Hotel hineingebissen.
Das Hotel wird danach abgerissen.

Waldmann ißt die dicke Wolkendecke,
und er sagt, daß sie nach Schnecken schmecke.

Waldmann leckt den Schnee noch vom Gelände.
Langsam, sagt er, kommen wir zum Ende.

Schließlich hat sich Waldmann selbst verschlungen
und ist an die frische Luft gesprungen.

Nun ist Schluß, das waren Waldmanns Taten
mit Kartoffeln, Nudeln und Salaten,

Dosendeckeln, Tüten, Tiefkühltruhen.
Schweigen wir und lassen wir ihn ruhen.

Die Worte die Worte und andere Worte

Waldmann hat im Mund viel Platz für Worte
von der einen und der andren Sorte.

Beispielsweise dieses Wort: *Gemüse,*
oder *Düse, Drüse, Grüße, Füße.*

Füße, sagt er, ist ein schönes Wort,
Ort ist auch ein schönes Wort und *dort*

ist ein schönes Wort und *Nord* und *Bord,*
undsoweiter, sagt er, undsofort.

Was er dann gesagt hat, sprengt den Rahmen,
Waldmann sprach und alle Worte kamen:

Bäume seufzend, Kälte quetschend, Wolken,
fette Glätte, Knoten ausgemolken,

sanfter Dampf von Zügen, viel Vergnügen.
Schluß, ich habe nichts hinzuzufügen.

Meine Worte machen nur Geräusche:
Krähenschwärme, Stürze, Wattebäusche,

Sport, Import, Akkorde und *Aborte,*
nichts als Worte, sagt er, nichts als Worte.

Eines Abends macht in seinem Mund
Waldmann einen fürchterlichen Fund.

Waldmann sagt am Abend plötzlich: *Mord*.
Aber das war nicht sein letztes Wort.

Nein, Hans Waldmanns nächstes Wort war *Torte*
und das nächste Wort war *Tortenmorde*.

Waldmann, der ihn öffnet in der Nacht,
seinen Mund, er äußert den Verdacht:

Heute werden harte Worte fallen:
Messerstiche und *Revolverknallen*.

Mehr will ich dazu, sagt er, nicht sagen,
oder haben Sie vielleicht noch Fragen?

Waldmann weiß genau, wovon er spricht,
was er weiß, das sagt er eben nicht,

denn für Worte gibt es keinen Grund,
also halte ich, sagt er, den Mund.

Ach, es zuckt am Ende des Gesichts,
doch Hans Waldmann schwieg, er sagte nichts.

Das kurze und das lange Lachen

Waldmann kommt und Waldmann läßt es krachen,
und schon hört man eine Dame lachen.

Nun mein Herr, was kann ich für Sie machen,
sagen Sie, was mögen Sie für Sachen.

Tief im Lachen sieht man ihren Rachen,
und man sieht, worüber wir schon sprachen,

ihren Hals und ihren hundertfachen
Kopf und diese weißen heißen flachen

Dinge, nach und nach bei ihrem schwachen
Lachen, die uns in die Augen stachen.

Lassen wir die Dame ruhig lachen,
denn wir lassen sie längst überwachen,

bei Chop Suey im Restaurant zum Drachen,
oder auf dem Teich in einem Nachen.

Und wir wissen ziemlich viel von ihr.
Lachen Sie. – Am Ende lachen *wir*.

Waldmann und ich, eine ziemlich kurze Begegnung

Dort kommt jemand, Waldmann, wie ich meine.
Ja, ich sehe es am Gang der Beine.

Und ich sehe es am Lauf der Dinge,
daß ich etwas Zeit mit ihm verbringe.

Waldmann geht ein Stück an meiner Seite,
und er wünscht jetzt, daß ich ihn begleite.

Waldmann, abgenagt von vielen Jahren,
Waldmann will etwas von mir erfahren.

Waldmann sagt: ich habe eine Frage,
sein Sie mir nicht böse wenn ich sage.

Waldmann spricht von einem alten Hut,
ja, von einem Hut, ich hör es gut.

Dampf aus seinem Munde, Qualm und Rauch,
und ein Knarren kommt aus seinem Bauch.

Waldmann sieht dann etwas Blut im Schnee,
und er fragt mich, ob auch *ich* es seh,

und er wüßte gern, wie ich das finde.
Ich für meinen Teil, sagt er, verschwinde.

Ich weiß nicht genau was Waldmann spricht.
Ja, vielleicht, jedoch, vielleicht auch nicht.

Waldmann dreht sich um und sagt zu mir:
Denken Sie daran: ich bin nicht hier.

Dann hört man ein Schnaufen und ein Saugen
und verliert Hans Waldmann aus den Augen.

Und ich höre nur noch seine Stimme,
als ich langsam in der Nacht verschwimme.

Das Aufquellen, das Fortfließen und noch etwas

Nebel suppendick, ein Wolkenschwall.
Waldmann spricht von einem neuen Fall,

und er sieht zuerst ein flaches Flundern.
Waldmann sagt: ich werde mich nicht wundern.

Waldmann sieht danach ein nacktes Nagen.
Dazu, sagt er, möchte ich nichts sagen.

Männer winken Waldmann zu beim Trinken,
und Hans Waldmann sieht die Männer winken,

doch das hat nichts weiter zu bedeuten,
Fenster schlagen zu und Glocken läuten.

Alles sollte jetzt zu Ende sein,
doch es ist noch nichts zu Ende: nein.

Vielmehr fängt der Fall erst richtig an.
Um die Ecke schwankt die Straßenbahn.

Tief im Hintergrunde wehen Schürzen,
während aus der Luft die Vögel stürzen,

und die Männer sitzen da und nicken,
während Hüte fallen und zerknicken.

Fliegen fallen wie die Menschen um,
und das Publikum ist bleich und stumm.

Plötzlich quillt es aus den Manteltaschen,
und es quillt aus Gläsern und aus Flaschen,

und, um dieses Quellen fortzusetzen,
quillt es weich aus offnen Hosenlätzen,

und es quillt aus Türen und Tapeten,
Waldmann will nicht mehr darüber reden,

und es quillt aus Röhren und aus Trichtern,
Brillen fallen ab von den Gesichtern,

Betten fliegen durch die halbe Nacht,
Regenschirme werden aufgemacht.

Dort im Dunkeln sieht man etwas gleiten,
Waldmann kann das wirklich nicht bestreiten,

wutlos hutlos mutlos fließt er fort,
ohne Hut und Mut in den Abort.

Alle kleinen und sogar die großen
Hauptpersonen sind davongeflossen.

Der Direktor floß und der Tenor
und der Graf floß durch ein Abflußrohr,

und der Lord, der Scheich, der Unbekannte
floß davon, die Witwe, der Gesandte,

der Matrose floß und die Komtessen
flossen fort und wurden schnell vergessen.

Waldmann geht und Waldmann bleibt dabei:
Es ist wirklich alles gleich vorbei.

Alles ist verschwommen und verschmiert,
aber sonst ist nicht sehr viel passiert.

Nur der Nebel ist ganz rot und leer,
doch das spielt jetzt keine Rolle mehr.

Er steht auf, Hans Waldmann, wo er saß.
Und schon macht das Leben wieder Spaß.

Waldmann verläßt die Heimat,
bezieht ein Hotel, ändert seine Gewohnheiten
und muß mit dem Schlimmsten rechnen

Eine Entwicklung in 10 Teilen

1. Teil

Waldmann hat zu einem Rinderbraten
sämtliche Personen eingeladen.

Sie erscheinen pünktlich und fidel,
hier im eingestürzten Grand-Hotel,

und wir sehen die Personen alle
in der aufgeplatzten Eingangshalle.

Das Hotel ist angefüllt mit Leuten,
die nach oben und nach unten deuten,

die hier liegen, sitzen oder stehen,
und die kommen, bleiben oder gehen,

tief in Schutt und Qualm im ausgebrannten
Speisesaal mit Freunden und Bekannten.

Es beginnt der Aufmarsch der Personen,
von Bankiers, Ministern und Baronen,

von Chinesen, Witwen und Matrosen,
von Vertretern, kleinen oder großen

Professoren, Mohren, von Mätressen.
Niemand wird den Abend je vergessen,

denn der Abend ist sensationell,
hier im Speisesaal im Grand-Hotel.

2. Teil

Viele Männer tragen schwere Taschen
in der Hand und in den Taschen Flaschen.

Waldmann wartet nur noch auf den Fremden,
hier in dem zermalmten abgeklemmten

ganz zerknallten alten ganz erstarrten
schlecht beschallten löffelklappernd harten

nebelgelben nassen, ganz egal,
knackend kalt gefüllten Speisesaal.

Hier, wo sämtliche Personen husten
und in ihre Nudelsuppe pusten.

Die Personen füllen sich den Magen,
sonst ist alles kurz und klein geschlagen.

Die Personen schlingend kauend schmatzend,
löffelschwingend schauend tellerkratzend,

schöpfend schwer und in den Braten beißend,
und das trockne Brot in Stücke reißend,

frikassiertes Huhn mit Hand und Fuß,
weit und breit zerquetscht Kartoffelmus

und Meloneneis, eventuell,
hier im Speisesaal im Grand-Hotel.

3. Teil

Regen fließt herab und Ruß von oben.
Die Personen haben sich erhoben.

Rechts der fette Fürst und links der Scheich,
unter diesem Tisch, ganz satt und bleich,

der Chauffeur, der Tisch ist abgegessen,
auf dem Tisch da sitzen die Komtessen,

weiter hinten sieht man einen Mann,
der das alles nicht begreifen kann,

und der Koch, der noch am Löffel leckt,
fragt: wie hat es Ihnen denn geschmeckt?

Nun, mein Herr, was sagen Sie dazu?
Dazu sag ich gar nichts, sagt Herr Q.

Alles ist zerhauen und zerstoßen,
übergossen mit Tomatensoßen.

Alles ist verschüttet und verätzt
und mit Zigarettenrauch versetzt.

Die Begebenheiten vor den Scheiben
müssen wir jetzt weiter nicht beschreiben.

Alles ist ganz individuell,
hier im Speisesaal im Grand-Hotel.

4. Teil

Das Hotel ist kalt im Augenblick,
doch von allen Seiten kommt Musik.

Jemand geigt und geigt auf seine Weise.
Warum, fragt man, spielen Sie so leise,

warum, fragt man, spielen Sie so laut.
Ich kann eben nicht aus meiner Haut,

sagt der Geiger. Jemand ruft: mein Herr,
bitte spielen Sie noch etwas mehr.

Und der Geiger sagt: ich werde spielen,
und Sie werden das Gespielte fühlen.

Freundlich lächelnd hier und nicht nur hier
sitzt der Forscher Fischer am Klavier.

Der Direktor, hutlos kahl und singend,
sich herüber- und hinüberschwingend,

der Direktor ruft im Mäzenatenton
bitte spielen Sie die *Holzauktion,*

oder spielen Sie das kleine Lied
von der Schwalbe, die nach Süden zieht.

Und der Geiger spielt nun ziemlich schnell,
hier im Speisesaal im Grand-Hotel.

5. Teil

Während der verwühlte Geiger geigt,
während sich der Geiger tief verneigt,

während Damen in die Höhe springen
und vor Leidenschaft die Hände ringen,

nach Etüden und nach Serenaden,
kriechen aus dem Braten jetzt die Maden.

Alle stehen auf, jetzt sind sie oben,
alle haben sich vom Platz erhoben,

alle schwanken, alle fallen nieder,
und am Ende stehen sie dann wieder.

Rechts steht der Chinese und ganz links
der Fabrikbesitzer, allerdings

etwas weiter links, auf einer Schwelle,
steht der Scheich, an einer andren Stelle,

später sieht man noch beim Schein der Lampe,
den Minister, hinter einer Rampe,

den Matrosen und den Reiseleiter,
alles klatscht und die Musik spielt weiter.

Das Programm ist ganz konventionell,
hier im Speisesaal im Grand-Hotel.

6. Teil

Waldmann, vom Zigarrendampf umschlungen,
er verzichtet jetzt auf Äußerungen

und tritt tief hinein in das Geschehen,
nur um einfach so herumzustehen.

Die dort stehen, alle diese Leute,
sie sind ganz besonders leise heute,

und sie schweigen hinter den Kulissen.
Es ist klar, die Lage ist beschissen.

Der Direktor wußte das seit Jahren,
Waldmann hat es eben erst erfahren.

Der Vertreter steht etwas im Dunkeln,
bei der Witwe, deren Augen funkeln,

jemand flüstert ihr etwas ins Ohr,
aus der Ecke tritt der Lord hervor,

danach ist die Witwe ziemlich froh,
denn die Lage ist nun einmal so.

Was der Lord mit dem Vertreter spricht,
das erwähnen wir am besten nicht.

Alles was man sagt ist aktuell,
hier im Speisesaal im Grand-Hotel.

7. Teil

Jemand treibt nun Waldmann in die Enge,
es entwickelt sich ein Handgemenge.

Der Minister sagt: wann was wie wo.
Der Matrose sagt: es geht schon so.

Der Vertreter sagt: so geht es nicht
und schlägt dem Matrosen ins Gesicht.

Wie die Gäste hinter seinem Rücken
sich die Fäuste auf die Nasen drücken,

das sieht Waldmann jetzt, zu guter Letzt.
Alles ist zertreten und zerfetzt,

der Direktor, ruhig, äußerlich,
drückt die Hand auf einen Messerstich,

ach, der nackte Hals der Witwe knackt,
derart hat sie der Tenor gepackt,

die Mätresse kommt und frißt den Lord,
borstig spitz und wild, nun ist er fort.

Alles sieht man auseinanderspritzen,
nur der Pianist bleibt lautlos sitzen.

Das ist grell und das ist kriminell,
hier im Speisesaal im Grand-Hotel.

8. Teil

Waldmann wartet allerdings noch immer
auf den Fremden, hier im Hinterzimmer.

Was der Fremde macht ist unbekannt,
vielleicht hebt er plötzlich seine Hand,

vielleicht hebt er plötzlich seinen Fuß,
und er sagt: mein Fuß im Schuh ist Mus.

Halt: der Fremde ist schon an der Tür,
ja er kommt, und vieles spricht dafür,

nein, das ist der Fremde wirklich nicht,
das erkennt man schon an dem Gesicht.

Früher war der Fremde immer da,
heute kommt er nicht, das sieht man ja,

und das ist es, was die alten Zeiten
von den neuen Zeiten unterscheiden.

Das, sagt Waldmann, sehe ich wohl richtig:
wer nicht kommen will, ist auch nicht wichtig.

Vor dem Fenster geht er fremd vorbei,
kein Geräusch, kein Gruß und kein Geschrei,

kein Gesang, kein Wort, ganz generell,
hier im Speisesaal im Grand-Hotel.

9. Teil

Zweimal hat Hans Waldmann kurz genickt
und dann die Personen fortgeschickt,

erst die Witwe, danach den Tenor.
Beide gehen ins *Excelsior*.

Der Direktor und der General
gehen rasch in das *Hotel Central*.

Die Mätresse ordnet ihren Rock,
und sie geht jetzt in den *Schwarzen Bock*.

Und ich gehe ins *Astoria*,
sagt der Scheich und ist schon nicht mehr da.

Doktor Q verläßt empört den Raum,
Doktor Q geht in den *Grünen Baum*.

Und Professor Doktor Winternitz
sagt: ich gehe jetzt sofort ins *Ritz*.

Der Vertreter, nach dem letzten Prost,
geht ins *Ibis* oder in die *Post*.

Die Baronin ist davongeeilt,
der Baron, er sieht schon, wo er bleibt,

hier im Speisesaal im Grand-Hotel,
er geht ins Bordell nach Appenzell.

10. Teil

Die Umgebung ist jetzt menschenlos.
Dunkel ist der Abend, kalt und groß.

Eine Luft wie Puder, wie Zement,
weil man wirklich gar nichts mehr erkennt.

Waldmann sagt: hier fehlt nur etwas Licht,
aber *meine* Sorge ist das nicht.

Hinter Waldmann knallt ein Fensterladen.
Wenn es nützt, dann kann es nicht viel schaden,

sagt Hans Waldmann, der am Fenster saß.
Aus den Stühlen wächst schon längst das Gras.

Aber das ist auch schon lange her,
denn im Augenblick wächst gar nichts mehr.

Waldmann hat sich etwas aufgesetzt,
denn er rechnet mit dem Schlimmsten, jetzt

schweigt Hans Waldmann, Waldmann ist ganz still,
weil er dazu nichts mehr sagen will.

Oben das Geräusch von Güterzügen,
plötzlich *aus*, jawohl, das mag genügen.

Alles kahl und fahl und ganz normal,
hier im Grand-Hotel im Speisesaal.

Waldmanns letzte Rede auf der Versammlung der Kohlenhändler in Marl

Meine Herrn, der deutsche Kohlenhandel,
ruft Hans Waldmann vorn am Rednerpult,
er befindet sich zur Zeit im Wandel,
und ich frage: Wer ist daran schuld?

Es wird plötzlich viel davon gesprochen,
erstens zweitens, daß die Preise steigen,
nicht nur in den letzten Winterwochen,
das, sagt Waldmann, darf man nicht verschweigen,

drittens, daß man also sagen kann,
und auch das soll nicht verschwiegen werden,
viertens, und ich halte mich daran,
zu Kanonenöfen, Kohlenherden,

Suppentöpfen, Pfannen, Kohlenwagen,
Kannen, Kesseln sag ich keinen Ton,
dazu ist schon längst nichts mehr zu sagen,
also rede ich auch nicht davon.

Über Rauch und Asche, Dunst und Glut,
Kohlennot und Kohlenlieferfrist,
weiß man ja inzwischen ziemlich gut,
daß auch dazu nichts zu sagen ist.

Deshalb soll auch nicht die Rede sein
von den Kohlenschächten und vom Ruß,
von der Kälte und vom Kohlenschein,
weil man davon nicht mehr reden muß.

Und ich schweige von den Kohlenbrocken,
von den Kohlenhalden, schwarz und fest,
von den Kohlennächten, nass und trocken,
weil sich dazu nichts mehr sagen läßt.

Mit dem Frost und mit den Kohlengasen,
fünftens sechstens, mit dem Kohlenknall,
siebtens, will ich mich hier nicht befassen,
davon spricht man, achtens, überall,

doch ich werde nicht darüber sprechen,
sagt Hans Waldmann, nein, ich sage nichts
zu den Dämpfen in den Kohlenzechen,
neuntens, unterhalb des Tageslichts.

Von den Bränden, von den Kohlenbränden,
rede ich in Marl auf keinen Fall,
oder von verkohlten Kohlenhänden,
Hände gibt es schließlich überall.

Was ich sonst dazu noch sagen werde,
das ist im Moment noch nicht zu sagen,
zehntens elftens, unterhalb der Erde.
Von den Gruben, von den Kohlenwagen,

von den Kohlensäcken undsoweiter,
davon sag ich, sagt er, gar nichts mehr,
dazu fehlen mir die Worte, leider,
also schweige ich und danke sehr.

Eine wirklich furchtbar große Stille,
und ein tiefes Loch hoch in der Luft.
Waldmann putzt jetzt seine Lesebrille,
keiner kommt und geht und keiner ruft.

Dann hat Waldmann auf das Pult geschlagen.
Waldmann spricht in Marl aus seiner Sicht:
Ist noch was, und gibt es sonst noch Fragen?
Danach applaudiert man oder nicht.

Waldmann hat sich auf den Kopf gestellt

Waldmann hat sich auf den Kopf gestellt
und aus seinen Taschen fällt das Geld,

und es fallen weiter die Personen,
die in seinen Hosentaschen wohnen.

Die Personen gehen und verschwinden,
aber andre kommen an von hinten.

Waldmann wollen wir jetzt stehen lassen,
und uns mit den anderen befassen.

Beispielsweise mit dem Mantelmann,
der das alles nicht begreifen kann.

Seinen Namen haben wir vergessen,
wir vergessen auch das Mittagessen,

denn der Mantelmann beginnt inzwischen
seinen langen Mantel abzuwischen

und danach den Mantel aufzuknöpfen,
die Komtessen nicken mit den Köpfen.

Danach hat der Mantelmann beflissen
seinen langen Mantel aufgerissen.

Früher war er dünn, jetzt ist er dick,
wie man sieht, in diesem Augenblick

stößt er mit dem Kopf an einen Hut,
etwas fließt aus seinem Munde: Blut.

Das hält doch kein Hut aus, auch nicht meiner,
sagt der Doktor oder irgendeiner.

Schwarz, von fetten Vögeln überflogen,
ist der Mantelmann davongezogen.

Dort sieht man ihn in die Ferne fliehn,
und die Wolken ziehen drüber hin.

Auch Herrn Doktor Q und alle andern
sieht man in die wilden Wälder wandern,

wir bedecken sie mit einem Topf.
Waldmann steht noch immer auf dem Kopf,

und er sagt am Ende des Gedichts:
Was ich meine? oh: ich meine nichts.

Aus den Taschen fällt das Wort Genuß,
außerdem Verdruß und Mus und *Schluß*.

Waldmann beantwortet einige Fragen im Radio

Gast im Studio heute ist Hans Waldmann,
seine Stimme hört sich ziemlich alt an.

Guten Tag, wir haben ein paar Fragen,
was tut Waldmann in den nächsten Tagen?

Fahren Sie, Hans Waldmann, an die Küste?
Ach mein lieber Herr, wenn ich das wüßte.

Oder fahrn Sie etwa in die Berge?
Nein, die Berge sind nicht meine Stärke.

Nun dann fahren Sie vielleicht ans Meer?
Nein, das Meer gefällt mir nicht so sehr.

Fahren Sie nach Norden in das Kalte?
Nein, weil ich vom Kalten nicht viel halte.

Oder fahren Sie nach Südamerika?
Waldmann sagt, mein Herr, ich war schon da.

Fahren Sie dann etwa nach Bad Lauch?
In Bad Lauch, mein Herr, da war ich auch.

Waldmann sagt: ich habe keine Zeit
und beendet die Begebenheit.

Nüsse knacken in der Dämmerung.
Vielen Dank. Wir machen einen Sprung.

Das war Waldmann, gut. Auf alle Fälle
bis zum nächsten Mal an dieser Stelle.

Neunzehnhundertneunzig im August

Neunzehnhundertneunzig im August.
Waldmann legt die Hand auf eine Brust.

Vor dem Fenster schwebt der Rübenrauch.
Waldmann legt die Hand auf einen Bauch.

Eine Dame liegt auf einem Bett,
mondscheinbleich im offenen Korsett.

Etwas macht Hans Waldmann mit den Händen,
und die Dame hat nichts einzuwenden.

Oh ich glaube, das gefällt mir sehr,
sagt die Dame, ja, so ungefähr,

und das habe ich, mein Herr, gewußt.
Neunzehnhundertneunzig im August.

Waldmann will sich in die Tiefe graben.
Nein, sagt sie, das möchte ich nicht haben.

Nein, das müssen Sie sich abgewöhnen,
seufzt die Dame und man hört sie stöhnen.

Glauben Sie mir bitte was ich sage,
das kommt bei mir wirklich nicht in Frage.

Bei der Dame steigt nun die Erregung.
Waldmann, ohne sichtliche Bewegung,

Waldmann schweigt und die Matratze knackt,
und die Dame schreit ganz abgehackt.

Oh, mein Herr, sie mochte was er machte,
als es krachte, schrie sie: ich verschmachte.

Ja, mein Herr, ich habe große Lust.
Neunzehnhundertneunzig im August.

Waldmann, sieht man, er bewegt sich kaum,
dennoch schaukelt alles hier im Raum.

Einmal nur sei das in ihrem Leben
so gewesen – und das war soeben.

Bitte, sagt die Dame, noch einmal.
Nein, sagt er, das geht auf keinen Fall.

Und die Dame zeigt jetzt ihre Zähne.
Waldmann sagt: ich habe andre Pläne.

Ich muß gehen, sagt er, es ist Zeit,
danke vielmals für die Freundlichkeit.

Drüben liegt sie ganz zerpflückt und nackt.
Waldmanns Koffer ist bereits gepackt.

Haben Sie am Sonntag etwas vor?
flüstert sie zum Abschied ihm ins Ohr,

hier im Bett, in diesem wilden Wust,
Neunzehnhundertneunzig im August.

Es ist spät, sagt er, ich muß jetzt gehn,
doch ich komme wieder, Wiedersehn.

Und nicht wahr: Sie lassen von sich hören.
Waldmann sagt: das kann ich nicht beschwören.

Dann erhebt er sich ganz ohne Ton.
Hinter dem Tabak geht er davon.

Waldmann hat sich niemals mehr gezeigt.
Es ist klar, daß sie darüber schweigt.

Waldmann geht davon in Staub und Dust,
Neunzehnhundertneunzig im August.

Das Geräusch und das Gewicht des Lichts

Waldmann tritt heraus aus dem Gedränge
und erklärt uns die Zusammenhänge.

Erstens soll er, wie er sagt, die Kohlen
wieder einmal aus dem Feuer holen.

Zweitens oder drittens soll er Rüben
aus dem Himmel ziehen, aus dem trüben.

Viertens oder fünftens soll er Runkeln
aus der Erde rupfen, jetzt, im Dunkeln,

drittens, viertens, fünftens und noch mehr.
Waldmann tritt hinein in den Verkehr,

und zum ersten Mal nach vielen Jahren,
ist er mit der Bahn hinausgefahren.

Er ist viele Tage, viele Wochen,
blind mit Gras im Mund durchs Land gekrochen,

durch die Wüste und durch bleiches Mehl.
Es wird dunkel. Es wird wieder hell.

Waldmann wird im Wald umrollt von langen
stummen schwarzgefleckten Riesenschlangen.

Sechstens: er versinkt in einem Tümpel,
siebtens: tief in Schlacke und Gerümpel,

achtens: fortgeblasen von den Straßen,
neuntens: von den Straßen fortgeblasen.

Rasch wird er vom Wind hinaufgetrieben,
in die Luft, wo sich die Wolken schieben.

Waldmann sieht: die Welt ist aufgeschwollen,
zehntens, elftens, zwölftens, Donner rollen,

und er hört es schreien in der Nacht,
zehntens, elftens, zwölftens, Waldmann kracht

auf den nächsten Schauplatz, wo es schneit,
elftens oder zwölftens, es wird Zeit,

und nun kriecht er, alles heiß und trocken,
durch ein Land auf dem die Fliegen hocken,

durch die ausgeschlürfte weite Welt,
wo der Hagel hart vom Himmel fällt,

oder wo der grüne Nebel schleicht,
wo der Westwind leicht vorüberstreicht.

So ist Waldmann weit herumgekommen.
Dann hat er ein Wannenbad genommen.

Waldmann steigt heraus, gesund und munter,
und die Welt geht immer noch nicht unter.

Waldmann, Kenner der fünf Kontinente,
schüttelt nun dem Leser fest die Hände.

Waldmann setzt sich an den Tisch und hier
bringt er dann das Ganze zu Papier.

Und der Titel seines Kurzberichts:
Das Geräusch und das Gewicht des Lichts.

Waldmann und die Witwe. Letzter Versuch

Dort kommt Waldmann, er ist guter Laune,
und so guter Laune, daß ich staune.

Sehr verehrte Damen, meine lieben
Herren, jetzt wird alles aufgeschrieben.

Waldmann kommt und greift nach einem Stift
und beginnt mit seiner Niederschrift.

Was passiert ist, sagt er, dort und hier,
das passiert jetzt auch auf dem Papier.

Und ich werde, Leser, mich bemühen,
etwas Wahrheit in die Welt zu sprühen.

Liebe Leser, sagt er, liebe Leute,
worum geht es wirklich hier und heute:

Waldmann und die Witwe in der Stadt,
was nicht allzu viel zu sagen hat.

Waldmann und die Witwe im Gedränge,
das sagt nichts und eine ganze Menge.

Waldmann und die Witwe hier im Haus,
Leser, das sieht wirklich nur so aus.

Waldmann und die Witwe dort im Zimmer,
Leser, das bleibt unter uns, wie immer.

Und die Witwe auf dem Kanapee?
Bis zum Zeh? Mit Kaffee oder Tee?

Auf den nächsten Seiten kann man lesen:
Ganz so ist es wirklich nicht gewesen.

Ja, sie stöhnt, Hans Waldmann läßt sie stöhnen,
daran werden wir uns schon gewöhnen.

Waldmann sagt: ich will Sie nicht enttäuschen,
das ist wie mit anderen Geräuschen,

die sich mit der Wirklichkeit vermischen:
Rascheln, Flüstern, Schmatzen oder Zischen,

doch man kann, sagt er, beruhigt sein,
denn was wir da hören ist kein Schrei'n,

nur ein Keuchen, nur ein leichtes Hauchen,
Hauchen: dieses Wort ist zu gebrauchen,

oder Atmen, auch ein schönes Wort. –
Eine Stunde später war er fort.

Es war anders, aber das ist gleich,
sagt Hans Waldmann und er greift ganz weich

tief ins warme feuchte Menschenleben,
wie es ist, sagt er, so ist es eben.

Aber das soll ein Geheimnis bleiben,
später werde ich darüber schreiben.

Diese Frau zeigt wirklich viel Gefühl.
Und die Aussicht wechselhaft und kühl.

Waldmann zieht das alles in Betracht
und verläßt sie mitten in der Nacht,

in der Nacht, das hört man immer wieder,
und ich schreib es, lieber Leser, nieder.

Aber bitte machen Sie sich keine Sorgen,
denn es war nicht nachts, es war am Morgen.

So, sagt Waldmann, Leser, das muß reichen,
alles andre werde ich jetzt streichen.

Und die Witwe, wie in diesem Falle,
nickt ihm zu. Am Ende nicken alle.

Waldmann wird aufgeschlitzt und lebt weiter

Waldmann, er erwacht mit einem Mal
festgeschnallt im städtischen Spital,

etwa neunundsechzig Jahre alt,
zugeklebt, vernäht und festgeschnallt,

aufgeschlitzt und wieder zugeklebt,
liegt er auf dem Bett. Hans Waldmann lebt.

Dreißig oder vierzig Zentimeter
tief im Körper steckt ihm ein Katheter.

Klammern Nadeln Pflaster Tropfe Drähte
und dazwischen stumm der zugenähte

aufgespießte Waldmann, wie vermutet,
aufgeschnitten, stumm und ausgeblutet,

bleich, mit langen Nadeln ganz gespickt,
aufgeklappt und wieder zugezwickt.

Aus den Wickeln Binden Gummistrümpfen,
oder dumpf aus den Matratzensümpfen,

quillt es nachts heraus, aus den Verbänden,
und es quillt aus Krankenzimmerwänden,

Schmiere Schleim Musik Gesänge, gotisch,
und Gerüche nach Karbol, narkotisch.

Aus der Duschkabine mit Skalpellen
kommen in der Nacht die scharfen schnellen

Krankenpfleger in den Gummischürzen,
die sich lachend auf Hans Waldmann stürzen.

Schwestern, nackt, mit ihren spitzen großen
Brüsten, mit herabgelaßnen Hosen

Doktors, keuchend, mit den dicken Schläuchen,
mit bedeckten Köpfen und mit Bäuchen,

neben Waldmann, in den Toiletten,
in der Nacht, in dieser tiefen fetten

nassen pflaumenweichen Nacht der Nächte,
der Gemächte und der Körperschächte,

zwischen den Bandagen und den Binden,
erstens in den Mund und dann von hinten.

Waldmann unterdessen geht spazieren
oder kämpft im Bett mit dunklen Tieren,

die sich in die schwarzen Löcher fressen.
Dort liegt Waldmann, von der Welt vergessen,

fast mit einem Bein schon in der Erde.
Das ist doch kein Leben, sagt er, Merde.

Vor dem Fenster die Gardinen, wehend.
Krankenschwestern kommend oder gehend.

Aber sonst kommt niemand, keine Sau,
nicht *mein famili* und nicht *frau grau*,

die Baronin nicht und der Baron,
vom Fabrikbesitzer kommt kein Ton,

keine Zeile vom Bankier, kein Wort,
auch der Lord kommt nicht und geht nicht fort,

nicht der Hut und nicht einmal der Fuß
vom Vertreter, auch kein Kartengruß

vom Premierminister und kein Schuh,
auch kein Telefon von Doktor Q,

nicht der linke, nicht der rechte Zeh
vom Matrosen und vom Attaché,

nicht der Kopf und nicht einmal das Ohr
vom Direktor oder vom Tenor,

nicht die Witwe, nicht einmal die Spitz
von Professor Doktor Winternitz,

der Chinese nicht und nicht der Scheich,
niemand kommt. Hans Waldmann ist es gleich.

Waldmann sieht in seinem kurzen Hemde
nur den Fremden stehen aus der Fremde.

Wie ist, fragt der Fremde, das Befinden?
Waldmann sieht ihn winken und verschwinden.

Waldmann: aufgeschlitzt und ausgenommen.
Später ist er dann nach Haus gekommen.

Heute lebt Hans Waldmann immer noch.
Hier ein Loch und dort ein zweites Loch.

Um sich schließlich gänzlich zu erneuern,
bricht er auf zu neuen Abenteuern.

Das Ende der Betrachtung

Lieber Leser, sagt Hans Waldmann, Achtung:
denn jetzt kommt das Ende der Betrachtung.

Danach öffnet Waldmann seine Schuhe,
er will nichts, er will nur seine Ruhe.

Waldmann steht und Waldmann legt sich nieder.
Schon beginnt das ganze Elend wieder,

denn man weiß, daß dieser harte Mann
liegen und zugleich *nicht* liegen kann.

Ja, sagt er, wie in den alten Zeiten,
kommen Sie, Sie können mich begleiten.

Freilich, diese Zeit der engen Hosen,
Hosen, Jacken, Mäntel und der großen

Hüte, die ist lange schon vergangen,
eine andre Zeit hat angefangen.

Waldmann sagt: Das eine ist zu Ende,
und das andre auch, er steckt die Hände

in die Taschen, nein, es war nicht leicht,
aber schließlich ist es jetzt erreicht.

Waldmann sagt: Jawohl, es ist ganz klar,
daß es gut war, wie es bisher war.

Und so bleibt es eben, wie es ist. –
Plötzlich wird der Pianist vermißt,

nur um das am Rande zu erwähnen.
Den Fabrikbesitzer sieht man gähnen,

der Tenor tut dies, der Lord tut das,
beiden macht die Sache keinen Spaß.

Der Chinese zupft an seinen Haaren
und ist nach Aschaffenburg gefahren.

Der Chauffeur ist rasch davongerannt,
aber das ist alles schon bekannt.

Es wird Zeit, bevor er sich entfernt,
daß man den Vertreter kennenlernt.

Waldmann drückt der Witwe Handgelenke:
Gehn Sie nur, Sie wissen was ich denke.

Doch die Witwe sagt: Ich bleibe hier,
ohne Sie da werde ich zum Tier,

lieber steige ich ins tiefe Grab.
Aber Waldmann rät ihr davon ab.

Die Personen gehen nach Belieben.
Alle gehen. Waldmann ist geblieben.

Während sie verglimmen und verschwimmen,
hört man vor dem Fenster fremde Stimmen.

Waldmanns Ruhm ist lange schon verblichen
und die Welt vom Nebel überschlichen.

Staub steigt auf, ach lieber Leser, Staub,
und am Boden treibt das welke Laub.

Erst war das und dann war jenes los,
dann war nichts mehr los. Der Mond ist groß.

Musik und Einsamkeit

Waldmann sitzt an einer stillen Stelle
und ißt eine kalte Frikadelle,

er sitzt am Klavier und wischt die Tasten.
Jemand öffnet einen Geigenkasten.

Die Musik ist hier und heutzutage
wohl der Menschheit allergrößte Plage,

sagt der Graf, der die Trompete nimmt.
Das ist leicht gesagt, jedoch es stimmt.

Fürchterliches wird zudem erreicht,
wenn ein Mensch die Violine streicht.

Der Direktor hat ihm beigepflichtet:
Ganz Entsetzliches wird angerichtet.

Er ergreift danach die Klarinette,
und die Witwe tritt als Chansonette

in die Mitte, auf das Podium.
Waldmann sitzt im Hintergrund, ganz stumm,

und steckt sich die Finger in die Ohren,
denn wer etwas hört, ist schon verloren.

Danach ist es eine Weile still,
so wie Waldmann es gern haben will.

Waldmann ist nun wirklich ganz allein.
So, sagt Waldmann, sollte es auch sein.

Fort sind alle Leute und davon.
Waldmann setzt sich stumm ans Grammophon,

Waldmann sitzt jetzt in der Dunkelheit
und genießt die große Einsamkeit.

Dämmerungserscheinungen

Damals, nach dem Ende dieser Zeit,
nach dem Schluß der Angelegenheit,

als Hans Waldmann dastand so im Wind,
sah Hans Waldmann aus, als sei er blind.

Waldmann sah auch aus, als sei er taub,
Staub flog auf, Papier und welkes Laub.

Damals gab es Bäcker mehr als Brot,
Mörder lagen tot im Abendrot,

nackte Damen lagen auf den Stiegen.
Waldmann sagte nichts, er hat geschwiegen.

Waldmann schwieg, dann eilte er nach Wien,
denn in Wien da wartet man auf ihn.

Man empfängt ihn dort mit Händedrücken,
Türen gehen auf und Stühle rücken,

und man lädt ihn ein ins Opernhaus.
Danke, sagt er, doch da wird nichts draus,

denn es muß auch stille Tage geben,
heute, morgen und im ganzen Leben,

und Musik kommt nicht mehr in die Tüte.
Waldmann schweigt, der Mann ist ziemlich müde.

Dann sieht man ihn gehen auf den Gassen,
er hat nichts mehr von sich hören lassen.

Waldmann kehrte niemals mehr zurück.
Aber das kommt erst im nächsten Stück.

Vor dem Fenster weht ein Wind, ein rauher
Wind, es fällt ein grauer Regenschauer.

Abschließende Bemerkungen

Waldmann springt im Juni mitten aus
einer großen Dunkelheit heraus.

Im September springt er mit dem Bein
wieder in die Dunkelheit hinein.

Waldmann, ja, er sollte etwas sagen,
aber Waldmann schweigt seit vierzehn Tagen.

Manchmal schüttelt er den Kopf und nickt.
Die Personen hat er fortgeschickt.

Seht die Nacht, sie sinkt herab und seht,
wie der Mond sich dreht, ganz überweht.

Seht, der Wind hat alles weggeblasen
von den Straßen, wo wir früher saßen.

Raben schwirren knarrend aus dem Wald,
Waldmanns Hände werden hart und kalt,

und das letzte Glas ist ausgegossen,
tief im Schnaps ist er davongeflossen.

Dort fließt Waldmann, niemand weiß wohin.
Alles geht nun weiter ohne ihn.

EPILOG

Die Entwicklung des Zusammenhangs

Die Entwicklung des Zusammenhangs
und die Langsamkeit der Postbeamten,
die Erinnerung an die verschlammten
Straßen und das Ende des Gesangs

zwingen mich, noch einmal aufzuschreiben,
was, nach Waldmanns unerhörten Taten,
nach dem Schluß geschah, dem obligaten,
und beim Schreiben nicht zu übertreiben.

Waldmann tritt heraus aus einem Haus.
In der Frühe hört man noch den Rest
eines Wortes, aus dem Mund gepreßt,
denn die Wirklichkeit sieht anders aus,

als es in der Morgenzeitung steht.
Bitte achten Sie nicht mehr auf mich,
alles, sagt er, ist nur äußerlich.
Waldmann wird vom Wind davongeweht,

und die Wolken drücken ihn ganz weich,
und der Wind, er reißt ihn weg vom Fleck,
Waldmann aber hat die Ruhe weg,
alles ist ihm ganz egal und gleich.

Waldmann sagt: Sie wissen, ich gehöre
zu den großen Meistern der Malaisen,
der Prothesen und der Anamnesen,
der Mistakes, der Makel und Malheure.

Später sieht man Waldmann westwärts wandern,
in der Ferne ist er dann zergangen,
zwischen Rübenkraut und Bohnenstangen.
Niemals, sagt er, gleicht ein Bild dem andern.

Dann nahm er den Koffer und verschwand.
Waldmann fuhr nach Brüssel und Paris,
wo er plötzlich nicht mehr Waldmann hieß.
In Paris war Waldmann unbekannt.

Woher kommen Sie? fragt man. Von dort,
sagt Hans Waldmann. Und wo gehn Sie hin?
Weit zurück, zum Anfang, zum Beginn,
aber jedenfalls für immer fort.

Waldmann, er verliert am Ende seine Schuhe,
und er sagt bei seinem letzten Gang:
Das, Monsieur, war der Zusammenhang,
bitte lassen Sie mich jetzt in Ruhe.

ENDE

Doktor Pfeifers Reisen
EIN VERS-EPOS IN 40 UMDREHUNGEN
2006

Prolog:

Waldmann wird von jetzt an Pfeifer heißen.
Was gewesen ist, das ist gewesen.
Was noch kommt, das wird man später lesen.
Achtung, nun beginnen *Pfeifers Reisen.*

1.

Hier, an diesem schönen leisen weißen
Tag, an diesem leichten schneeverwehten
Tag, an diesem kühlen umgedrehten
Tag beginnen Doktor Pfeifers Reisen.

Aus der Dunkelheit herausgeschnitten,
oder aus der Wand herausgebrochen,
oder aus dem kalten Kopf gekrochen,
oder aus der Luft herabgeglitten,

aus dem Kleiderschrank herausgekommen
oder aus den Mustern der Tapeten,
oder durch die Tür hereingetreten:
Doktor Pfeifer: er hat Platz genommen.

Doktor Pfeifer sitzt im festen runden
nackten Mond mit seinen Reisetaschen.
Sieben Uhr. Der Tisch ist abgewaschen.
Und der nackte Mond ist auch verschwunden.

Hier sitzt Pfeifer. Er hat seine Gründe.
Und er hat die Gründe aufgeschrieben.
Pfeifer geht, er wird hinausgetrieben
in die Welt, nach Bielefeld und Bünde.

2.

Pfeifer steht am Ende dieser Zeilen
auf, er will uns jetzt, im Morgengrauen,
rasch noch etwas Neues anvertrauen.
Danach aber muß er sich beeilen.

Ja, sagt Doktor Pfeifer: ja ich gehe.
Fragt man mich *warum?* dann sag ich: leider –
und ich drehe mich und gehe weiter.
Fragt man, wie es mit dem Gehen stehe,

sag ich: ach ich gehe ganz gelassen
durch das schwarze Licht der Bahnhofsstraße,
durch den dicken Dunst der Auspuffgase,
durch Geräusche, die zum Gehen passen.

Pfeifer weht im Wind davon. Um sieben
sieht man Pfeifer in die Ferne schweifen.
Dort verschwindet Doktor Pfeifers Pfeifen.
Nur die Worte sind zurückgeblieben

und die Taschen, die er trug, genug.
Pfeifer geht und dreht sich durch die Welt,
durch die Welt von der er uns erzählt,
und er steigt in einen Sonderzug.

3.

März im Matsch, im kühlen Monat März,
da beginnt es und da fängt es an:
Pfeifers Schicksal in der Eisenbahn,
ostwärts westwärts ohne Abschiedsschmerz.

Pfeifer sieht das Licht vorüberstreichen,
und er hört zum wiederholten Male
das Geräusch der Eisenbahnsignale,
der Geleise und der harten Weichen.

Pfeifer hört den Ruf der Kontrolleure
mit der Bitte um die Fahrausweise,
und man wünscht ihm eine gute Reise.
Aus der Ferne hört er Männerchöre.

Im Gepäcknetz sieht er einen schweren
Koffer und er hört ein zartes Zischen.
Pfeifer sieht das Licht vorüberwischen.
Im Abteil erscheinen sieben Herren.

Eine Dame macht sich weit und breit.
Pfeifer ist in Bünde umgestiegen
und reist mit dem nächsten Zug nach Siegen.
Langsam wächst die Fahrgeschwindigkeit.

4.

Pfeifer fährt hinein in diese Welt,
während jetzt der vierte Teil beginnt,
während etwas nass herunterrinnt,
während etwas weiß herunterfällt.

Während etwas hart ans Fenster tropft
und am Fenster kalt herunterfließt,
während er den Pfeifenrauch genießt
und sich eine zweite Pfeife stopft.

Doktor Pfeifer lächelt im Coupé
und vertieft sich in sein Visavis:
Haar und Hals und Schenkel Fuß und Knie,
Rauch und Regen Nebel Hagel Schnee.

Pfeifer sitzt bequem im Zug nach Bonn.
Weich im Dunst sieht er die wilden Augen
einer Dame und er hört ein Saugen.
Seine Pfeife dampft, er fährt davon.

Durch die kleinen Städte durch die großen
Städte eng und tief und spitz und steil.
Damit kommen wir zum fünften Teil;
denn der vierte Teil ist abgeschlossen.

5.

Von den zarten Eisenbahngeräuschen
und der Reise im Personenzug
hat Herr Doktor Pfeifer jetzt genug,
doch er will den Leser nicht enttäuschen.

Seine Pfeife wächst ihm aus dem Mund,
Lichter fliegen rasch vorbei im Dunkeln.
Während im Coupé die Augen funkeln,
hält Herr Pfeifer sich im Hintergrund.

Doch schon in der übernächsten Zeile,
kurz vor Bottrop, einem hübschen Ort,
steckt er seine Pfeife einfach fort
und gerät in große Langeweile.

Ein Geräusch, ein Aufeinanderprallen,
plötzlich stößt, der Grund ist unbekannt,
Pfeifer mit der Hand an eine Wand.
Plötzlich ein Zerknallen und ein Fallen,

weit hinunter in den kalten Fluß.
Jetzt am Ende reicht ein weiches Schreien
und ein leichtes streichend bleiches Schneien.
Pfeifer geht das nächste Stück zu Fuß.

6.

Pfeifer, er genießt das Bahnhofsleben,
er genießt das harte Türenschlagen
in Athen, in Wien, in Kopenhagen,
hier, von fremden Koffern ganz umgeben,

reist Herr Pfeifer mit der Reisetasche,
nach Gijon, nach Brüssel, nach Bordeaux,
nach New York, nach Prag, nach Bergamo,
nach Lyon, mit seiner Cognacflasche,

mit der Meerschaumpfeife nach Berlin,
nach Milwaukee, Leeds und nach Madrid,
mit der Mütze nach Hanoi und Split,
nach Southampton und nach Aberdeen.

Im Orientexpress, im Speisewagen,
speist Herr Doktor Pfeifer ein Filet.
Auf den spitzen Bergen sieht man Schnee.
Mehr ist dazu aber nicht zu sagen.

Liegend auf dem Dach von Güterzügen
hört Herr Pfeifer den Gesang der Schienen.
Pfeifer ruft uns zu: *Wie geht es Ihnen?*
und fährt tief hinein in das Vergnügen.

7.

Irgendwo kommt Pfeifer schließlich an.
Niemand weiß genau in welcher Stadt
er das Grand-Hotel bezogen hat.
Aus und Ende mit der Eisenbahn.

Doktor Pfeifer, angefüllt mit Rauch,
dreht sich wortlos in die Rezeption.
Man erwartet Doktor Pfeifer schon.
Das erwartet Doktor Pfeifer auch.

Man begrüßt ihn tief und ganz ergeben,
eine Dame lächelt und ein Page
bringt ihn in die dreißigste Etage,
schon sieht man ihn in die Höhe schweben.

Etwas später ist er ausgestiegen,
und er tritt hinein in seine Suite,
und er sagt: das ist jetzt mein Gebiet:
sehr bequem, gediegen und verschwiegen.

Dann hat er die Pfeife angesteckt.
Vor dem Fenster sieht er, kalt, im Nebel,
Rita Hayworth, flackernd, und Clark Gable.
Nur der Whisky hat ihm nicht geschmeckt.

8.

Pfeifer schläft dann satt und fest und tief.
Mittwochs, als es hell wird in Manhattan,
wacht er auf mit einer nackten netten
Frau im Bett, die danach weiterschlief.

Und am nächsten Morgen, Donnerstag,
hört man eine große, ziemlich schlanke
dunkle Dame flüstern, sie sagt: *Danke*,
in dem Bett, in dem Herr Pfeifer lag.

Freitags sieht man ihn nach oben zeigen.
Freitags liegt er neben einer roten
runden Dame auf dem Teppichboden.
Pfeifer schweigt. Man hört Herrn Pfeifer schweigen.

Leise platzt der Rost der Feuerleiter.
Pfeifer liegt in einer Whisky-Pfütze,
und er sucht nach seiner Reisemütze.
Eine Dame schlüpft in ihre Kleider.

Pfeifer sieht nur ihre schwarzen Beine.
Leider, sagt die Dame, muß ich gehen.
Außerdem ist oben noch zu sehen:
Das Besondere und Allgemeine.

9.

Heute werde ich mein Schweigen brechen,
bitte lassen Sie sich nur nicht stören,
lassen Sie mal wieder von sich hören,
sagt Herr Pfeifer und man sieht ihn sprechen.

Er will gehen, doch es regnet stark.
Etwas riecht verschmort und angebrannt.
Pfeifer wirft die Flasche an die Wand.
Unten sieht man jetzt den Central Park.

In den Tassen Reste von Kaffee.
Auf dem Bett und auf dem Boden: Sumpf,
Blut geronnen und ein Damenstrumpf.
An die Tür pocht der Hotelportier.

Treten Sie nur näher, lieber Mann;
daß Sie kommen, kann ich gut verstehn;
bis zum nächsten Mal, auf Wiedersehn.
Pfeifer schließt die Tür und zieht sich an.

Pfeifer sagt: ich lasse mich jetzt treiben.
Lautlos fällt etwas an ihm vorbei.
Doktor Pfeifer ist das einerlei.
Regen fließt herunter an den Scheiben.

10.

Wolkenlos ist Pfeifers Leben nicht.
Hier, um mit dem Anfang zu beginnen,
schon im Mutterleib fraß er von innen
seine Mutter auf und kroch ans Licht.

Pfeifers Leben: dunkel und verhangen.
Es gibt keinen Zweifel, diese Welt
hat er sich ganz anders vorgestellt.
Langsam ist er dann davongegangen.

Achtung, sagt er, Vorsicht, jetzt komm *ich*.
Pfeifer kommt und Pfeifer geht vorbei,
am Museum, an der Fleischerei.
Was danach geschieht ist fürchterlich.

Vögel sind durch ihn hindurchgeflogen.
Fische sind an ihm vorbeigeflossen.
Hin und wieder hat man ihn erschossen
oder aus dem Meer herausgezogen.

Wo er steht, ist alles abgebrannt.
Wo er sitzt, ist alles plattgesessen.
Wo er ißt, ist alles leergegessen.
Wo er geht, ist alles unbekannt.

11.

Doktor Pfeifer, in der abgebrühten
weiten Welt, was ist aus ihm geworden.
Einmal steht er oben kalt im Norden,
einmal sitzt er unten heiß im Süden.

Pfeifer ändert erstens die Erscheinung.
Danach und in einem andren Land
hat man Pfeifer gar nicht mehr erkannt,
und nun ändert er auch seine Meinung.

Pfeifer, angesichts der Schlackenberge,
angesichts des Mondes und des Meers
und des ständig wachsenden Verkehrs,
der Waggonfabrik, der Hüttenwerke,

Pfeifer sagt, die Welt gefällt mir eben
im Vergleich zu einer andren Welt.
Alles andre, was mir nicht gefällt,
sollte es in dieser Welt nicht geben.

Später ist er fort und keine Spur.
Wieder später sieht man ihn persönlich.
Danach geht er weiter, wie gewöhnlich,
und er kratzt etwas von der Natur.

12.

Doktor Pfeifer hat sich zu befassen,
im Moment, im folgenden Kapitel,
mit dem Wasser als Vergnügungsmittel,
mit dem Wasser und den Wassermassen.

Wasser ist, sagt Pfeifer, unentbehrlich.
Dünne Ufer, die vorüberschweben,
Ozeane heben sich und beben.
Auf dem Meer zu reisen ist gefährlich,

hört man plötzlich den Matrosen sagen.
Eine von den großen Wasserhosen
hatte ihn verschlungen, den Matrosen,
dort am Tisch, mit dem Matrosenkragen,

doch sie hat ihn wieder ausgespuckt.
Der Matrose schreit und tropft hinaus
und ergreift das Ende eines Taus.
Nun sitzt er an seinem Tisch und guckt.

Pfeifer währenddessen sitzt im Rum.
In der schwarzen Nacht der schweren kalten
Nacht hat sich Herr Pfeifer festgehalten,
und sein Stuhl fällt immer noch nicht um.

13.

Pfeifer sagt: jetzt muß sich etwas ändern,
schon damit sich etwas ändern kann.
Pfeifer, dieser unbekannte Mann,
hier im Land und in den andren Ländern,

Pfeifer, den bedeckten Kopf verborgen,
geht geduckt und schnell vorbei: wohin?
Nach Paris vielleicht, vielleicht nach Wien,
vielleicht morgen oder übermorgen.

Ja er nickt und sagt dann ein paar Worte,
und dann hebt er seine Hand zum Hut
und behauptet: Doch, es geht mir gut.
Dann besucht er ein paar andre Orte.

Pfeifer sieht im Osten nach dem Rechten,
und im Westen sieht er nach den großen
Luftfabriken, Wind- und Wasserhosen,
nach den Gruben und den Kohlenschächten.

Später geht er tief ins Land hinein,
über hundert Kilometer tief.
Pfeifer pfiff und Pfeifer lief und lief,
Pfeifer: unbekannt und ganz allein.

14.

Kaum war Doktor Pfeifer losgezogen,
da versank Herr Pfeifer bis zum Hut.
Und der Hut, dort schwamm er in der Flut,
unter einem dunklen Brückenbogen.

Aber kaum war Pfeifer angekommen,
war er auch schon wieder fast verschwunden,
in den Schlitzen, Kerben, in den Schrunden.
Danach ist er wieder fortgeschwommen.

Keine Fragen bitte, keine Fragen,
in den Gruben, Gräben, in den Schlünden,
bitte keine Fragen nach den Gründen,
in den kalten regnerischen Tagen.

Erst kommt Pfeifer und dann geht er wieder.
Dann geht Pfeifer etwas hin und her,
doch warum – das wissen wir nicht mehr.
Und der Sturm drückt schließlich alles nieder.

Pfeifer steckt im Boden mit den Schuhen.
Hundertdreiunddreißig Liter Regen
oder hundertvierzig Liter meinetwegen.
Lassen wir den Fall erst einmal ruhen.

15.

Heute riecht der Himmel streng nach Seife.
Um ein Stück aus dieser Welt zu beißen,
wird Herr Pfeifer noch einmal verreisen,
und er greift nach seiner Reisepfeife.

Plötzlich, wie die Salbe aus der Tube
oder wie Gemüse aus der Dose,
spritzt und quillt jetzt der erbarmungslose
Pfeifer rasch hinaus aus seiner Stube.

Pfeifer quillt hinaus aus seinem Haus,
und aus dieser breitgekochten runden
Stadt ist Pfeifer dann sofort verschwunden.
Jetzt steht er am Ende eines Staus.

Aus dem Kopf wächst ihm das graue Haar,
er sitzt mit alaskakalter Miene
in der harten schwarzen Limousine.
Wagen prallen an das Trottoir,

fliegen in die Luft und explodieren.
Pfeifer nimmt die Füße in die Hand
und erreicht schon bald das nächste Land.
Alles andre wird demnächst passieren.

16.

Pfeifer sagt zum Schreiber dieser Zeilen:
Ihr Bericht wird kalt und immer kälter,
und ich bin nun zwanzig Jahre älter,
gehen wir, wir müssen uns beeilen,

denn die Welt bricht auf und auseinander
und sie dampft, ein dicker Hefekuchen.
Kommen Sie, wir wollen ihn versuchen:
ein ganz schwarzer Kuchen, ein verbrannter.

Pfeifer sagt: ich gehe, ja, ich gehe,
wer nicht geht, der kann auch nicht mehr kommen.
Doktor Pfeifer hat den Hut genommen,
und es ist sein Gehen, das ich sehe.

Auf, sagt Pfeifer, auf zu neuen Taten.
Wer nicht kommt, der kann auch nicht mehr gehen.
Und daß Pfeifer geht, das kann ich sehen.
In den Tüten platzen die Tomaten.

Und vom Himmel weht die Wäsche weich.
Pfeifer fällt die Pfeife aus dem Mund.
Gehn wir, denn hier ist es ungesund.
Gehn wir, aber gehn wir bitte gleich.

17.

Wind, er bläst den Kaffee aus den Tassen.
Pfeifer geht davon und jemand machte
alle Fenster zu, es stank und krachte
auf den stillen Kupferbergterrassen.

Glas fiel jetzt von oben, Kalk und Glas.
In den wilden Städten, in den großen
Städten ist ihm manches zugestoßen:
Pfeifer, beispielsweise dies und das.

Dicker Dampf quoll aus den Lüftungsschlitzen,
aus den Gullideckeln und Hydranten,
aus den Häuserecken, den verbrannten
Zeitungskästen und Zigarrenspitzen.

Pfeifer, bleich und vor die Tür gekehrt,
abends sah man ihn nach hinten fallen,
nachts war nichts, man hörte nur ein Knallen:
Kübel, über Pfeifer ausgeleert.

Pfeifer ist am Ende nicht zu sehen,
später sieht man auch nicht viel von ihm.
Erst am nächsten Tag, in München-Riem,
sieht man ihn um eine Ecke gehen.

18.

Um die Welt mit Löffeln auszufressen,
war Herr Doktor Pfeifer aufgebrochen.
Dann ist Pfeifer durch die Stadt gekrochen.
Mittlerweile hat man ihn vergessen.

Er hat eine Flasche in den Händen,
prüfend hält er sie an sein Gesicht,
aber was er denkt, das weiß man nicht,
und man sieht ihn diese Flasche wenden.

Pfeifer kann die Hand und auch die Flasche
vor den Augen heute nicht mehr sehen,
beim Hinauf- und beim Hinuntergehen,
denn er hat sie in der Hosentasche.

Wenn er kommt, und das kommt häufig vor,
kommt er mit der Pfeife aus der Wand,
oder mit der Flasche in der Hand,
oder aus dem Tor und friert am Ohr.

Jetzt sitzt er im Dunkeln der Spelunken.
Pfeifer geht es wieder etwas besser,
nur aus seinem Rücken ragt ein Messer.
Er hat alle Flaschen ausgetrunken.

19.

Spät am Abend hören wir Geräusche
von Kartoffeln, Runkeln und von Bohnen,
und von Männern, die im Keller wohnen,
und von Frauen, wenn ich mich nicht täusche.

In der Nacht beginnt der große Schrecken,
Bäume knicken und Gerüste splittern,
und die Stühle wo wir sitzen zittern,
und der Boden bebt in dem wir stecken.

Nackte Menschen schwimmen in den Betten.
Pfützen spritzen hier in dieser trüben
schwülen Nacht, es fließt in schweren Schüben.
Pfeifer raucht und pfeift in dieser fetten

Nacht, von Schlamm und Regen übergossen,
die Personen wälzen sich und stöhnen,
und wir schauen zu, so gut wir können.
Dann sind die Personen fortgeflossen.

Dort die Bank, Herr Pfeifer läßt sich nieder
und schreibt etwas in sein Tagebuch.
Dann nimmt er das große Taschentuch,
er benutzt es und versteckt es wieder.

20.

Diese Welt ist rund und wird noch runder,
und die Dinge ändern sich zuweilen.
Man sieht Pfeifer in den Süden eilen.
Leser, haben Sie Geduld: mitunter

ändert eine Reise manchmal alles.
Pfeifer sieht den Schnee im Norden treiben,
und er sagt: hier möchte ich nicht bleiben.
Dann, am Ende dieses kalten Falles,

steigt Herr Pfeifer in den Omnibus,
später setzt er sich in einen Wagen,
und man sieht ihn durch den Westen jagen,
wieder später kommt er mit dem Fuß.

Pfeifer sieht sich eine Gegend an,
nicht nur um die Gegend anzusehn,
sondern um ein Stück herumzugehn.
Später fliegt er mit dem Aeroplan.

Pfeifer sieht die alten Falten wieder,
und die alten Spalten sieht er auch.
In der Tiefe sieht er aufgebläht den Bauch
dieser Welt. Er sitzt, er legt sich nieder.

21.

Pfeifer sagt, wo bin ich. Nein: er ruft!
Pfeifer ruft mit Mehl im Mund: mit Mehl.
Unten schwimmt ein fremder Archipel,
und er fliegt noch immer durch die Luft.

Unten ist das Land vom Meer umschlungen,
und das Meer, es steigt, vielleicht auch nicht.
Doktor Pfeifer schweigt und niemand spricht,
nur im Hintergrund wird jetzt gesungen.

Die Gefräßigkeit des Meers und der Verzehr,
hin und her, und dieses ganze Land
ist von Staub bedeckt, von Staub und Sand,
auf dem Land ist alles menschenleer,

unbewachsen, kahl, die Sonne frißt.
Er erreicht den nächsten Kontinent,
und in diesem wichtigen Moment
ist erlaubt, was nicht verboten ist.

Pfeifer fliegt mit dampfenden Zigarren
um die Welt, es fällt ihm nichts mehr ein.
Pfeifer sagt: so sollte es auch sein
und so lange, bis sie mich verscharren.

22.

Pfeifer, er erwacht fünf Tage später
tief in einem kalten Loch, verkrochen
liegt er und hört ein Gewitter pochen,
er erhebt sich, Pfeifer, und dann geht er.

Pfeifer geht, man sieht Herrn Pfeifer gehen,
rastlos geht er durch das ganze Land
und durch Städte, die er darin fand.
Niemand kann sein Gehen übersehen,

und Herr Pfeifer geht noch immer weiter.
Hüte schweben jetzt vorbei und Hände,
Taschen in den Händen, Gegenstände.
Manchmal wechselt Pfeifer seine Kleider.

Pfeifer wandert durch den Straßenschlamm.
Männer grußlos hutlos auf den Stühlen,
Frauen, die sich in den Haaren wühlen,
in Schanghai, Chicago, Amsterdam.

Dieser Mann ist wirklich gern auf Reisen.
Über ihm ein aufgeblähter Himmel,
Doktor Pfeifer mitten im Gewimmel
von Berlin, wir werden es beweisen.

23.

Pfeifer liegt auf einem fremden Bett,
und er hebt ein wenig seine Hand,
doch das ist nicht weiter intressant.
An der Eingangstür hängt sein Jackett.

Er befindet sich im *Kabinett*,
in Berlin, von Lust umhergetrieben,
und er möchte jetzt zwei Damen lieben,
Fräulein Ypsilon und Fräulein Zett.

Fräulein Zett fragt, wie er es gern hätt,
und sie lächelt in die Luft hinein,
alles still, kein Atmen und kein Schrei'n.
Alles ist diskret, adrett, honett.

Ein Paket, ein Brett und ein Tablett.
Dann sagt Fräulein Zett, die oben lag,
morgen hab ich meinen freien Tag.
Pfeifer liegt verdreht auf dem Parkett.

Pfeifer sagt: es ist schon ziemlich spät,
und zuviel auf einmal, viel zuviel,
selbstverständlich war das nur ein Spiel.
Doktor Pfeifer steht und Pfeifer geht.

24.

Pfeifer sagt: ich habe Angst vor Winter,
Frühjahr, Sommer, Herbst und harten Stürzen,
Pfeffer, Salz und anderen Gewürzen,
tief hinab, daneben und dahinter.

Danach fällt in einer kalten Nacht
aus dem Fenster, aus dem Hinterhaus,
Pfeifer aus dem dritten Stock heraus,
und im Fallen hat er noch gelacht.

Eine Dame winkt ihm hinterher.
Nebel sinkt ganz leicht hinein in ihn,
als er liegt, der Mond scheint auf ihn hin.
Kein Verkehr und alles menschenleer.

Fassen wir den Fall diskret zusammen:
Pfeifer, ohne Hose, ohne Schuhe,
stürzt herab, er stürzt in großer Ruhe.
Alle Damen, alle nackten Damen,

applaudieren morgens gegen sieben.
Pfeifer fällt auf eine weiche Schwelle
und entfernt sich von der Absturzstelle.
Alles andre haben wir beschrieben.

25.

Ach die Fliegen sterben wie die Fliegen,
und die Hunde leben wie die Hunde,
wie die Hunde, und aus diesem Grunde
bleibt Herr Pfeifer jetzt noch etwas liegen.

Pfeifer kam von irgendwo, von oben,
wo die Wolken hart zusammenprallen.
Plötzlich, aus der Luft herabgefallen,
liegt er da, dann hat er sich erhoben.

Pfeifer, der den Nachmittag verträumte,
schreit am Abend laut, viel lauter als –
als das Rauschen eines Wasserfalls,
der im Hintergrund herunterschäumte.

Nun will Pfeifer erst einmal nach Hause,
doch dort kommt Herr Pfeifer niemals an,
erstens steigt er in die Straßenbahn,
zweitens sitzt er in der *Starkbierklause,*

drittens geht er noch ein kleines Stück,
über eine tiefe grauenvolle –
aber das spielt wirklich keine Rolle.
Später kommen wir darauf zurück.

26.

Jetzt tut Pfeifer so, als ob er schliefe.
Wasser läuft ihm in die Hosentaschen.
Stühle stürzen um und Whiskyflaschen.
Nun beginnt die Zeit der Detektive.

Pfeifer sagt: der Mann in diesem Bild,
das bin *ich*, wie ich nach unten steige
und der Welt die Welt von unten zeige,
wie sie fault und schwillt, gemein und wild.

Pfeifer gräbt sich mit dem Pfeifenstopfer
in die Tiefe, ja, sagt er, ich steche
mich jetzt durch die Straßenoberfläche.
Nun beginnt die dunkle Zeit der Opfer.

Pfeifer pumpt sich durch die Abflußschächte
dieser Stadt und auf ihn fallen Schatten,
in den Ecken paaren sich die Ratten.
Nun beginnt, sagt er, die Nacht der Nächte.

Dieses Bild verschwimmt an seinen Rändern.
Alles was geschieht ist kriminell,
deshalb wechseln wir den Schauplatz schnell.
Daran ist nun gar nichts mehr zu ändern.

27.

Pfeifer legt sich nieder und bleibt liegen.
In der Gegend etwas weiter unten,
hat man Doktor Pfeifer dann gefunden,
und auf Pfeifer saßen schon die Fliegen.

Pfeifer, er liegt stumm in seinem Brei,
und man sagt: Wer hätte das gedacht,
und man läßt ihn liegen und man lacht,
und die ganze Welt dreht sich vorbei.

Ja, es ist die Welt, die sich jetzt dreht,
und aus Pfeifer läuft das Blut so leicht,
und es ist die Luft, die aus ihm weicht,
und es ist die Zeit, die jetzt vergeht.

Ob Herr Pfeifer lebt, das weiß man nicht.
Jemand ruft von oben rund und rot:
Lebt Herr Pfeifer – oder ist er tot?
Schlamm tropft weich herab auf sein Gesicht.

Ratten fressen sich in Pfeifers Bauch,
über seinen Körper kriechen Schnecken,
Wasser fließt herunter von den Decken.
Dieser Fall geht weiter – Pfeifer auch.

28.

Pfeifer steigt hinauf und etwas später
hört er schon den Lärm der Krähenschwärme,
aus der Kälte kommt er in die Wärme,
und hier trifft er schließlich auf den Täter.

Aus dem Nebel aufgetaucht, aus Schwaden,
tritt der Täter auf mit einer Mütze,
erst umgeht er eine Regenpfütze,
dann verschwindet er im Tabakladen.

Dort nimmt er ein langes Schlachtermesser.
Pfeifer schweigt, es war ihm nicht so recht,
alles was an diesem Tag passiert ist schlecht,
und der nächste Tag ist auch nicht besser.

Ach, der Täter stach und stach und stach,
Pfeifer pfiff schon auf dem letzten Loch.
Immerhin, sagt er: ich lebe noch,
und darüber denke ich jetzt nach.

Doch ich werde nicht mehr davon sprechen,
sagt Herr Pfeifer, weiter sagt er nichts,
er bedeckt das Ende des Gedichts,
und beendet damit das Verbrechen.

29.

Neue Seite, es ist kurz nach zehn.
Pfeifer und der Täter: beide schweigen.
Wie es ausgeht, Leser, wird sich zeigen,
oder nicht, das wird man dann schon sehn.

Man hört Schüsse, ah, es wird geschossen,
während Regen schwer herunterfließt,
und es ist der Täter, der jetzt schießt,
das, sagt Pfeifer, ist nicht ausgeschlossen.

Ich bedaure, Sie erschreckt zu haben,
denn ich sehe schon: Sie sind erschrocken,
sagt der Täter und er sagt es trocken.
Ich verschwinde jetzt in einem Graben,

sagt der Täter und vergräbt den Rest
der geheimnisvollen Reisetasche,
Kopf und Haare, etwas Tabakasche,
damit sich nichts mehr beweisen läßt.

In der Tiefe, wo das Fleisch verdirbt,
ist das alles, sagt er, nicht so wichtig,
aber richtig ist es, sagt er: richtig,
weil: man lebt so lange bis man stirbt.

30.

Niemand weiß, woher der Täter kam,
und wohin der Täter ging, weiß keiner.
In der Ferne wird er immer kleiner,
bis er schließlich in der Luft verschwamm.

Pfeifer sieht: das Blut tropft von den Händen.
Alles was man außerdem erfährt,
ist im Grunde nicht erwähnenswert.
Damit wollen wir den Fall beenden.

Pfeifer sagt: Vergessen wir den Rest.
Ja, sagt er, das hat sich zugetragen,
und zusammenfassend läßt sich sagen,
daß sich nichts zusammenfassen läßt.

Man sieht Pfeifer durch die Zeilen eilen,
und man sieht ihn durch die Seiten schreiten,
später über einen Abhang gleiten,
ganz von weitem, ohne zu verweilen.

Man sieht Pfeifer in die Ferne schweifen,
das gehört zu Doktor Pfeifers Stärken.
Er verschwindet schweigend in den Bergen,
und dort hört man Doktor Pfeifer pfeifen.

31.

Man sieht Pfeifer in den Bergen wandeln,
wo er plötzlich seinen Hut verliert,
im Oktober, mittags, wo er friert.
Das ist gut, das müssen wir behandeln.

Ach: der Wind ist scharf, die Alpen schrumpfen.
Pfeifer sagt: Das sehe ich mir an.
Und er fährt mit einer Drahtseilbahn.
Plötzlich hört man nur noch einen dumpfen

schweren Fall, man sieht Herrn Pfeifer schweben.
Schreie kalt aus allen Gletscherspalten.
Was, sagt Pfeifer, soll man davon halten,
im Gebirge, fremd, vom Wind umgeben.

Dreizehn Menschen tot in einem harten
engen Schlitz, im scharfen schwarzen Eis.
Doktor Pfeifer schwieg, soviel ich weiß.
Pfeifer schwieg. Die Bergwacht spielte Karten.

Pfeifer rutscht hinunter in die Tiefe,
weit hinunter, ohne seine Kleider,
bis zum tiefsten Punkt und immer weiter,
und dort liegt er nun, als ob er schliefe.

32.

Und wir sehen wie es weitergeht,
weiter geht es nämlich leider so:
Pfeifer kehrt zurück in sein Büro
und hat die Beleuchtung angedreht.

Sieben Jahre war Herr Pfeifer fort,
doch er hat die Heimat nicht vergessen.
Erst setzt er sich hin zum Abendessen,
danach geht er kurz auf den Abort.

Später dann, beim Morgenkaffeetrinken,
seine großen Tage sind vorbei,
köpft und löffelt er ein Frühstücksei,
und man sieht ihn aus dem Fenster winken.

Was wir tun, sagt Pfeifer, oh wir warten,
denn die Zeit, die bügelt alles glatt,
auch was man noch nicht erwartet hat,
und wir spielen dabei etwas Karten.

Pfeifer hat das letzte Wort verschlungen.
Bis Dezember sitzt er so herum,
aber dann wird es dem Mann zu dumm,
er ist auf und dann hinausgesprungen.

33.

Januar, die Stimmung ist sehr gut.
Pfeifer tritt hinaus in die Natur,
früh am Morgen, kurz nach der Rasur,
gutgelaunt, gekämmt und ausgeruht.

Nur die Kälte leckt ihn am Gesicht,
denn der Februar ist zugefroren,
und der März, er beißt ihm in die Ohren,
aber schlecht geht es Herrn Pfeifer nicht.

Wasser läuft ihm in den Mantelkragen.
Danach kommt er in ein flaches Land,
im April, man hat ihn nicht erkannt.
Doch sonst geht es gut, er kann nicht klagen.

Man sieht Pfeifer durch die Fremde gehn,
Juni, Juli, durch die dünnen Wälder.
Im August wird Pfeifer etwas älter
und hat keine Zeit, sich umzudrehn.

Regen fällt ihm auf den Kopf, so kalt,
im September knallen Wolkenknollen,
sein Gesicht ist etwas angeschwollen,
und sein Kopf wird kahl, mein Herr: *bis bald*.

34.

Pfeifer, aus dem Bett herausgestiegen,
um zum letzten Mal die Welt zu schmecken,
ohne meine Leser zu erschrecken,
fängt noch einmal an davonzufliegen.

Der Beobachter des schnellen Lebens
und des Bleibens und des Weitertreibens
und des bleichen Reibens, des Beschreibens,
und des Hebens und des schönen Schwebens,

kommt dem Leben endlich auf die Spur.
Pfeifer zieht die ganze Haut vom Himmel
ab, die ganze Haut, den dünnen Schimmel
und entdeckt die Wunder der Natur.

Pfeifer sagt: verdammt und zugenäht.
Pfeifer bittet jetzt um Diskretion,
und mit diesem Wunsch fliegt er davon,
denn es ist noch früh genug zu spät.

Pfeifer pfeift und Pfeifer springt hinunter.
Weiteres wird jetzt nicht mitgeteilt.
Pfeifer, er beeilt sich und verweilt,
und die Welt geht immer noch nicht unter.

35.

Man sieht Männer in der Ferne stehen,
schweigend still geduckt und ohne Ton.
Hier, am Rand der Zivilisation,
hat man Pfeifer völlig übersehen.

Pfeifer ist nun wieder mal verloren,
doch die andren Männer sind es auch,
aus dem Mund weht Zigarettenrauch,
und der Dampf pfeift ihnen aus den Ohren.

Nachts hört man Geschrei, man hört Gelächter,
aber Pfeifer hat sich wohl geirrt,
kaum sagt Pfeifer, daß es besser wird,
wird es, sagt er, auch schon wieder schlechter.

Pfeifer sagt: Was sein muß, das muß sein,
und was ist, das nehme ich in Kauf,
und er zieht jetzt andre Seiten auf,
und er schlägt jetzt andre Wege ein.

Pfeifers Reisen durch die Nebelnässen,
Nebelschwaden, Nebel, alle Sorten,
führt ihn diesmal in den hohen Norden,
und dort hat man ihn sogleich vergessen.

36.

Hier im Norden, hier im hohen Norden,
gibt es nichts, was von Bedeutung ist
oder was man irgendwie vermißt.
Hier im Norden ist es kalt geworden.

Hier im Norden fängt es an zu schneien.
Alles hart und die Bewachsung spärlich.
Pfeifer sagt: der Norden ist gefährlich.
Hier im Norden hört man Vögel schreien.

Hier im Norden reibt man sich die Hände,
Füße, Arme, Beine und die Ohren.
Alles ist im Norden zugefroren.
Hier im Norden ist der Fall zu Ende.

Pfeifer hört noch eine große Stille
hier im Norden, stehend stumm und weiß,
dann rutscht er hinunter auf dem Eis
und verliert dabei die Lesebrille.

Hier im Norden schweigen wir am besten,
sagt Herr Pfeifer und reist in den Süden,
mit Gepäck, mit Koffern und mit Tüten.
Danach reist Herr Pfeifer in den Westen.

37.

Pfeifer ist im Westen angekommen
und er sagt: Jawohl, ich bin im Bilde,
und er geht jetzt langsam durch die wilde
Welt des Westens, alles ist verschwommen.

Im Saloon in Tombstone, in Dodge City,
in Chayenne, an dieser stillen Stelle,
liegt ein Mann geschwollen auf der Schwelle,
am Piano lächelt bleich: Miss Kitty.

Und in schwarzen langen Mänteln, offen,
in El Paso, in der Straßenmitte,
Rauch und Dampf und Dunst und harte Schritte.
Jemand taumelt, in den Bauch getroffen.

Sieben Männer hat man hingehangen
in die Luft, mit Herzen wie aus Stein.
Oh my darling oh my Clementine.
Doktor Pfeifer ist davongegangen.

Tief im Westen ist es still geworden.
Pfeifer hat geschossen und geschwiegen,
er ist wieder in den Zug gestiegen
und reist danach kalt zurück nach Norden.

38.

Pfeifer kommt zurück und legt sich nieder.
Er hat sich die schöne weite Welt
eigentlich ganz anders vorgestellt.
Wiedersehn, dort sieht man mich nicht wieder.

Pfeifer schweigt am Ende dieses Falles,
er hat seine Kräfte überschätzt,
deshalb macht er erst mal Schluß für jetzt.
Es war gut, doch war es noch nicht alles.

In den nächsten Tagen oder Stunden
hört man von Herrn Pfeifer nicht mehr viel,
er liegt da mit unbekanntem Ziel.
Pfeifer, siehe oben, siehe unten.

Pfeifer pfeift jetzt auf sein Reiseleben.
Pfeifer sagt: Ich habe es begriffen,
und jetzt habe ich darauf gepfiffen,
und ich pfeife weiter – so wie eben.

Danach nimmt sich Pfeifer noch ein Bier.
Keine Frage, bitte keine Frage,
und betrachten Sie den Ernst der Lage.
Gute Nacht, Sie hören noch von mir.

39.

Es passiert so gut wie gar nichts mehr,
sagt Herr Pfeifer und zieht einen Strich:
Alles das, was war, war gut für mich,
aber das ist ziemlich lange her.

Pfeifer, um sich still davonzumachen,
sagt, um endlich alles zu vergessen,
sitzen, stehen, gehen, trinken, essen,
frieren, musizieren, schlafen, wachen:

Leser, sagt Herr Pfeifer: Wie Sie wissen,
bin ich ziemlich viel herumgezogen,
in die Fremde hat es mich gesogen,
und ich habe tief in diese Welt gebissen.

Heute lieg ich gern auf dicken Decken
und auf weichgelegenen Matratzen,
die nicht kratzen und auch nicht zerplatzen,
und ich schaue in die Zimmerecken.

Pfeifer zuckt die Schultern und wird alt.
Das, sagt Pfeifer, also war das Leben,
wie es war, sagt er, so war es eben,
nass und trocken, Leser, heiß und kalt.

40.

Pfeifer gräbt in der Vergangenheit,
und dort findet er ein tiefes Loch,
und er findet in der Tiefe noch
einen Kopf nach einer kurzen Zeit.

Aber Pfeifer findet kein Gesicht,
keinen Arm, kein Bein und keinen Hut,
keinen Schuh und keine Brust, kein Blut,
nein, das findet Doktor Pfeifer nicht.

Doch er findet schließlich eine Wand,
eine Tür und später einen Rest,
einen Rest von allem, hart und fest,
danach findet Pfeifer einen Rand.

Später findet Pfeifer einen Rauch,
und er findet schließlich noch ein Wort.
Doktor Pfeifer sagt: Ich gehe fort.
Und *ich* sage dann: Ich gehe auch.

Pfeifer wird auf seine Pfeife beißen,
denn er findet plötzlich einen Fuß,
und am Ende findet er den Schluß.
Also: Schluß mit Doktor Pfeifers Reisen.

Herr
Q
Ansichten
Absichten
Einsichten
Aussichten
1977/78

Q zeigt ein ungewöhnliches Maß an Zurückhaltung und macht sich seine eigenen Gedanken

Manches ist anders geworden
manches ist so geblieben
einen Besuch im Norden
müssen wir leider verschieben

Manches hab ich behalten
manches hab ich vergessen
jetzt beim Zusammenfalten
oder Zusammenpressen

Manches kann ich nicht sehen
manches kann ich nicht machen
weder beim Sitzen und Stehen
noch beim Zusammenkrachen

1977

Q erscheint im richtigen Moment
und findet seine Fassung wieder

In einem ziemlich kalten Land
wo wilde Winde toben
fiel ihm der Regen auf den Kopf
er fiel herab von oben

Der Regen fiel auf Q herab
und Q fand das ganz gut
der Regen der vorbeifiel
fiel nicht auf seinen Hut

Fast zwanzig Jahre war er fort
dann kam er angefahren
er kam mit einem Viehtransport
nach etwa zwanzig Jahren

In einer Wirtschaft an der Saar
begrüßte er die Leute
und wenn es auch nicht morgen war
dann war es eben heute

1977

Q und die Stimmung im allgemeinen

Vielleicht der Müll in der Tonne
oder die Milch im Kaffee
oder der pochende Zeh
oder die stechende Sonne.

Windlose Tage und Wochen,
Tage, Wochen und Jahre,
nasse und trockene Haare,
Tiere, vorübergekrochen,

festgewachsene Tiere,
die aufeinanderhocken,
Haare nass oder trocken,
Schlacke und Schotter und Schmiere.

Ja, das wäre am besten:
eine gekrümmte Welt,
durch die man atemlos fällt,
vielleicht von Osten nach Westen.

1977

Q sitzt rauchend im Sessel
und versucht, die Welt
von ihrer heiteren Seite zu betrachten

Dieses große schwere Zimmer
dunkel stumm und tief im Sessel
sitzend rauchend und noch immer
rauchend dampfend pfeifend Kessel

Ja ein Dampf und ein ganz dumpfer
Knall und dann auf jeden Fall
noch ein Knall ein kurzer stumpfer
Knall und danach noch ein Knall

Draußen platzt das Haus die Wand
platzt die Wand das Haus und bricht
Q sitzt rauchend ganz am Rand
mit der Pfeife im Gesicht

Steine kleine Steine Steine
Hände kalte Hände Hände
Beine bleiche Beine Beine
Füße kalt und Gegenstände

Köpfe rote Köpfe Köpfe
Köpfe Köpfe vorne hinten
Knöpfe offen Knöpfe Knöpfe
wo die Damen sich befinden

Sieben Damen hingerissen
spät am Abend plötzlich Wind
auf den Straßen in den Kissen
und im Zimmer wo sie sind

Sieben Damen die in allen
Ecken von den Decken fallen
sieben Damen welche platzen
auf den knarrenden Matratzen

Tief im Sessel sitzend lachend
dunkel rauchend stumm Herr Q
nachts von einem Knall erwachend
krachend lachend ab und zu

1977

Q kommt später als vorgesehen
und verschwindet in den Straßen
von Kaiserslautern

Ach was gibt es *nun* schon wieder
sagt Herr Q und setzt sich nieder

soll das gar kein Ende nehmen
auf dem Sessel dem bequemen

sitzt er rauchend und erbleicht
und die Welt wie Mehl so leicht

leicht wie Luft und leicht wie Licht
besser wissen wir es nicht

nein wir wissen gar nichts mehr
denn es ist schon lange her

deshalb kommen wir zum Schluß
weil der Schluß nun kommen muß

warum ist es jetzt so still?
weil Q nichts mehr sagen will

1977

Q steht auf und gibt einen abschließenden Bericht zur Lage

Ich nehme meine Pfeife aus dem Mund
und suche lange nach dem letzten Wort.
Ich sage: gut, die Sache war sehr rund.
Heut bin ich hier und morgen bin ich fort.

Was immer ich auch damit sagen will,
was hier geschieht, erlebt man alle Tage,
vielleicht im März vielleicht auch im April.
Das sind die Worte und das ist die Lage.

1977

Q macht eine Reise ans Meer
und vergißt seinen Hut

Fette Schnecken kriechen leise
von den Schüsseln in die Teller,
und wir löffeln diese heiße
Suppe, schneller immer schneller,
hier auf unsrer Urlaubsreise.

Fliegen sitzen auf den Tischen,
Kellner mit den Servietten
kommen, um sie fortzuwischen,
von den Stühlen Schränken Betten,
von den aufgeschlitzten Fischen.

Auch ein zuckendes Gewitter,
etwas Wind, jedoch kein Regen,
Gläser fallen um, die Splitter
fallen tief hinab, wir legen
unser Ohr ans Fenstergitter.

Und nun hören wir das Rollen
von Kartoffeln und das Schleichen
von Pantoffeln, ganz verquollen
das Geräusch von schönen bleichen
Damen, von geheimnisvollen

Damen, nackt und angemessen
heiß und immer heißer noch,
unter Palmen und Zypressen.
Ich bin sehr zufrieden, *doch*:
Q hat seinen Hut vergessen.

1977

Q macht einen erschöpften Eindruck und sagt nichts

Herr Q steht plötzlich im Morast,
vergessen und verloren,
die Worte sind ihm heute fast
im Munde festgefroren.

Man hat Herrn Q dort hingestellt,
der Schlamm bedeckt die Kleider.
Und wenn der Himmel runterfällt
dann sehen wir mal weiter.

1977

Achtung, wir werden beobachtet

An einem Abend kalt wie heute
tritt eine Frau im Abendkleide
ins Bild wo es verbreitet schneite

Es stößt etwas in ihren Kopf
so nagelhart so klopf so tropf
und etwas öffnet einen Knopf

Es wächst etwas in ihrer Hand
so wild so spitz so unbekannt
so angefüllt bis an den Rand

Es kriecht etwas aus ihrem Mund
so wund so schlund so rund so rund
und etwas knackt im Hintergrund

Es schwillt etwas in ihrem Schoß
so nebelweich so schwamm so groß
so lautlos so erbarmungslos

Es knirscht was unter ihrem Schuh
so weit so breit so ab und zu
es ist der Hut von Doktor Q

Es stöhnt was unter ihrem Fuß
so gurgeltief so nudelmus
das ist der Schluß von dem Genuß

1977

Q kommt an. Er kann sich über eine kurze
Strecke fortbewegen und bleibt dann stehen

Man kann es gut erkennen:
Q ist ein dünner Mann,
und dieser Mann muß gähnen,
das sollten wir erwähnen,
wie man erkennen kann.

Den Hut behält er oben
auf seinem Kopf, den Hut,
er hat ihn nicht gehoben,
er hat ihn nur verschoben,
das sehen wir ganz gut.

Er hüpft aus jeder Tüte,
er kriecht aus jedem Loch,
dann steht er, meine Güte,
er steht so dünn, so müde,
dann steht er immer noch.

1977

Q spricht jetzt über das Fallen

Ich spreche jetzt über das Fallen,
sagt Q aus dem Hintergrund,
das Fallen, sagt Q, und das Knallen,
mit einer Zigarre im Mund.

In Offenbach fällt eine Leiter,
in Kriftel ein schwenkbarer Kran,
und dieses Fallen geht weiter,
in Butzbach, in Limburg, in Lahn,

in Marburg fällt ein Geländer
hinunter und in Bad Orb
ein Topf und ein Fahrradständer,
in Schlüchtern ein großer Korb,

in Mainz fällt ein dunkelgrauer,
in Mainz oder Bacharach,
Mercedes von einer Mauer,
und zwanzig Minuten danach

fällt etwas Zigarrenasche
von Q hinab in die Tiefe,
in Worms eine Reisetasche,
in Kirn eine nackte massive

Blondine, in Kirn oder Daun,
und an einer anderen Stelle,
fällt etwas von einem Zaun,
ein Fallen auf alle Fälle.

Am Abend fällt etwas Plattes
auf Koblenz, auf Köln und auf Bonn,
etwas Plattes, Mattes und Sattes,
und unten fließt alles davon.

Am Schluß fällt Herr Q ohne Worte
zu Boden, in Simmern, im Wald.
Die Städte, die Straßen, die Orte
und seine Füße sind kalt.

1977

Alles andere später

Von nun an wird man nichts mehr von mir hören,
kein Wort, ihr Leute, nur noch ab und zu,
und keine Silbe mehr, sagt Doktor Q,
wobei und während ihn die Fliegen stören.

Ich sage nichts, sagt Q, ich werd mich hüten,
er sagt es nebenbei, er steht am Tresen.
Die Welt, sagt Q, sie ist in trocknen Tüten,
den Rest, ihr Leute, habe ich vergessen.

Das sagt Herr Doktor Q ganz unverhofft
und deutet schweigend auf das Biergestell.
Wir lachen alle, nur nicht ganz so oft.
Wir gehen alle, nur nicht ganz so schnell.

1978

Neunzig Gelegenheitsgedichte aus dem Nachlaß 1956 bis 2006

Moritaten Balladen Romanzen
Rouladen Pasteten Malaisen
Sonette Songs Terzinen
Kalendersprüche
Küchenlieder
undsoweiter

Das Wetter hauptsächlich

die sonne strahlt die kälte klirrt
die wolke schwebt die fliege schwirrt
die winde wehn die sonne sticht
der regen fällt der mond fällt nicht

1956

Meine Damen und Herrn

Meine Damen und Herrn ich koche ganz gern
in diesem Kabuff wo ich bin und mich bücke
und diese verbrannten Nudeln zerdrücke
in Frankfurt am Main wo ich tropfe und klopfe
ich zerkaue die Worte im Mund ich stopfe
mir eine Wurst in den Hals und ich schlage
ein Ei aus und noch ein Ei aus ich sage
meine Damen und Herrn jetzt wird es gleich krachen
denn mit mir kann man sowas wirklich nicht machen
ich koche ganz gern meine Damen und Herrn

1956

Drei kleine Nachtgedichte
1.
Brot und Braten

als ich aufstand war es nacht
war es nacht um brot zu holen
ich ging hin auf weichen sohlen
bis zum schrank und warf ganz sacht
brot in meines mundes schacht

als ich fortging war es zehn
meine herrn: auf wiedersehn
zwölf uhr als ich wiederkam
und mir etwas braten nahm
es war nicht sehr viel geschehn

als ich einschlief war es zwei
tief im bett wie kalter brei
träumte ich von brot und braten
von tomaten und rouladen
später war die nacht vorbei

1958

Drei kleine Nachtgedichte
2.
Das verlorene Ohr und andere Behauptungen

er verlor das ohr
morgens als er fror
er verlor den ring
mittags als er ging
er verlor die sicht
tief im abendlicht
dann hat er gelacht
mitten in der nacht

1958

Drei kleine Nachtgedichte
3.
Der Eierkuchen des Zauberers

eine schnappende tür
   da sind wir dafür
eine wandernde hand
   das ist uns bekannt
ein strumpfloses spiel
   das ist nicht sehr viel
ein rockloser mai
   da ist nichts dabei
ein knarrendes bett
   das finden wir nett
ein biß in den hals
   das paßt jedenfalls
ein rauschen im bauch
   das mögen wir auch
ein lautloser schrei
   die nacht ist vorbei

1958

Am Rande des Meeres

Wo ist das Meer? Da ist das Meer.
Die Schiffe fließen hin und her
und sinken tief ins nasse Grab.
Die Fische schwimmen auf und ab.

Wo ist der Mond? Dort ist der Mond.
Der Mond ist kalt und unbewohnt.
Der Mond scheint auf den nackten Kopf
der Frau, sie sticht in einen Knopf.

Wo ist der Mann? Da ist der Mann.
Er steigt aus einer Straßenbahn.
Er kommt und geht hinein ins Haus
und zieht den schweren Mantel aus.

Wo ist der Mund? Hier ist der Mund.
Der Mann ißt etwa sieben Pfund
Kartoffeln. Er ist stark und still
und sagt nur was er sagen will.

1959

Die dicke Suppe *oder*
Moll ändert sein Leben
und ändert es gleich wieder

Die dicke Suppe kommt wer trägt sie her
die Suppe wer am schwarzen Abend wer
es ist Herr Moll er kocht für zehn Personen
die alle tief in seinem Keller wohnen
der erste Mann so voll der zweite rund
der dritte Mann so satt so Mund so Schlund
so Schlund so Bauch der vierte undsofort
der fünfte Mann so schwer der sechste dort
so breit der siebte und der achte breiter
der achte Mann der neunte undsoweiter
der achte schöpft der neunte schluckt und schnappt
bevor der zehnte kalt zusammenklappt
nun sieht man zehn Personen niedersinken
man sieht sie stumm im Keller würgend winken
wo Moll jetzt schweigt wo zehn Personen schweigen
wo zehn Personen auf die Schüssel zeigen
es ist so still wie unter einem Pfropfen
die Suppe rinnt dort bis zum letzten Tropfen

1959

Das beinahe unbemerkte Verschwinden des Donnerstags

Der Morgen beißt den Mittag an,
dazu ist nichts zu sagen,
denn was er nicht mehr ändern kann,
das muß der Mensch ertragen.

Der Abend frißt den Mittag auf
bis auf das letzte Stück,
der Mittag nimmt das gern in Kauf
und kommt nicht mehr zurück.

Der Morgen frißt, der Abend frißt,
die Nacht legt sich jetzt nieder,
und wenn die Nacht gefressen ist,
dann sehen wir uns wieder.

1959

Notwendige Betrachtungen
in der Nähe der Welt

Wo keine Hand ist, ist kein Stock
Und wo kein Mund ist, ist kein Wort
Wo keine Frau ist, ist kein Rock
Und wo kein Mensch ist, ist kein Mord

Und wo kein Schuh ist, ist kein Fuß
Und wo kein Haus ist, keine Tür
Und wo kein Topf ist, ist kein Mus
Und wo kein Kopf ist, kein Geschwür

Wo keine Luft ist, ist kein Leben
Jawohl, mein Herr, so ist es eben

1960

Die Tiefe des Bieres

Ein Mann sitzt in der Wirtschaft *Schlauch*,
er trinkt ein Bier und ruft:
Wenn jetzt einer geht, dann bin ich es,
und wenn einer kommt, bin ichs auch.

Ein Mann zieht seinen Mantel an,
er hebt den Hut und spricht.
Die einen Worte vergißt man,
die andern vergißt man nicht.

1961

An einem kalten Abend im November

Herr Hartmann weit im Ausland auf dem Meer,
als Forscher grüßt er ruhig oder als
Vertreter reist er ruhig durch die Pfalz.
Inzwischen geht im Hause hin und her,

die Lust im Leib, Frau Hartmann, ach sie schreit,
sie rauft das Haar, wer stillt den Hunger ah,
Herr Hartmann ist nicht da, der Koch ist nah.
Die Lust ist groß. Der Leser weiß Bescheid.

Wohin mit Fingern und wohin mit Zehen
und mit der Lust im Leib im Kopf im Bauch.
Der Koch, der Kellner und der Doktor auch
und der Masseur, sie kommen und sie gehen

in diesem Pflaumenjahr, der Wirt und weiter
der Maschinist, der Makler, der Chauffeur,
der Fotograf, der Geiger, der Friseur,
der Fliesenleger und der Reiseleiter.

An einem Abend im November, kalt,
erscheint Herr Hartmann plötzlich mit dem Messer
aus Bad Pyrmont. Ich schweige jetzt wohl besser.
Der Schnee fällt leicht und ruhig auf den Wald.

1961

Vier Herren waren auf ein Bier gegangen

Vier Herren waren auf ein Bier gegangen,
in einem Land wo man sich tief verneigt,
und lächelnd auf den Zimmerboden zeigt.
Vier Herren sprangen und vier Herren sangen.

Vier Herren kommen jetzt vom Bier, ganz heiter.
Der Tag fängt an. Die Herren hören auf.
Und die Geschichte nimmt nun ihren Lauf.
Es ist schon spät, jedoch es geht noch weiter.

Es ist schon kalt, doch morgen wird es kälter.
Es ist schon schön, es gibt jetzt keine Sorgen.
Wir sehen uns dann morgen, übermorgen.
Vier Herren sind nun ein paar Stunden älter.

1961

Am Ende des vergangenen Abends

Etwas Suppe und noch etwas Wein?
Das darf sein.

Etwas Braten und noch etwas Blut?
Das geht gut.

Etwas Schinken, etwas aus dem Rauch?
Das geht auch.

Etwas Kopf vom Körper abgedreht?
Ja das geht.

Etwas aus dem allerletzten Loch?
Das geht noch.

Etwas tief und nass und lang und dicht?
Das geht nicht.

Etwas geht jetzt leichter als vorher.
Doch wo alles geht, geht gar nichts mehr.

1962

Zwei Herren am Abend

Zwei Herren stehen an einem Tisch,
der eine ist matt, der andere frisch.

Zwei Herren gehen durch einen Wald,
der eine ist jung, der andere alt.

Zwei Herren sitzen auf einer Bank,
der eine ist fett, der andere schlank.

Zwei Herren wandern um einen Teich,
der eine ist arm, der andere reich.

Sie wandern zusammen im Abendlicht,
der eine ist schnell, der andere nicht.

Nach ungefähr zwanzig Runden
sind beide Herren verschwunden.

1962

Die Verwirrung wächst im Oktober 62

Jetzt geht das schon wieder los,
sagt der erste zu dem zweiten,
und der zweite sagt: famos,
dabei will ich Sie begleiten.

Angenehm ist es im Garten
in der schönen Abendzeit,
wo Gemüse aller Arten
aus dem Boden wächst und schreit.

Bitte heben Sie die Decke
nicht so hoch, es wird schon kalt,
sagt der erste an der Ecke,
und er knallt auf den Asphalt.

Und der zweite sinkt hinunter
auf den dunklen Meeresgrund
im Oktober, rund und runder,
tief und immer tiefer und

nun schweigt auch der Lärm, der schrille,
und der zweite findet Ruhe,
etwas frißt in aller Stille,
seinen Hut und seine Schuhe.

Und die Erde dreht sich schneller,
und die Sonne schwirrt herum,
und der erste sitzt im Keller,
und der zweite zieht sich um.

Schnell vergeht des Abends Schimmer
Zweiundsechzig im Oktober.
Und nun gehen wir für immer,
bitte zahlen, schnell, Herr Ober.

1962

21 Uhr. Bahnhofsrestaurant.
Ende des ersten Tages

Ein Toter saß vier Stunden an der Bar,
und keiner wußte, wer der Tote war,
vier Stunden hat man neben ihm getrunken,
und danach ist er tot vom Stuhl gesunken.

Der Mann lag auf dem Boden rot und tot,
tot wie der Mond kurz nach dem Abendbrot,
dort auf dem Boden regungslos und kahl,
und kalt und alt und starr und fett und fahl.

Der Mann hat später noch ein Bier getrunken,
und danach ist er stumm davongehunken.

1965

Aus dem Inneren des Mundes

Nun ist wieder kalter Schnee gefallen,
einfach in die Gegend stumm hinein,
mir kommt vor, als müsse das so sein,
in der Ahornstraße in Sankt Gallen.

Auf den Scheiben kleben tote Fliegen,
auf dem Bahndamm liegt ein toter Hund.
Worte fließen kalt aus meinem Mund,
oder brechen ab und bleiben liegen.

Was ich schreibe, läßt sich nicht verwenden.
Auch der Süden steckt so weit ich seh
und so weit ich höre tief im Schnee,
deshalb wollen wir den Fall beenden.

1965

Leichtes Schneien in St. Gallen

Ich möchte, daß der Tag vergeht
und daß der Abend kommt, die Nacht,
und daß der Wind vorüberweht
und daß das Licht wird angemacht.

Ich möchte, daß die Nacht vergeht
und daß der Morgen kommt, der Tag,
und daß das Licht wird angedreht
im Zimmer wo ich bisher lag.

1965

Nichts Neues. Wenigstens auf den ersten Blick

Ich hab es ertragen sieben Jahr
dann fiel mir das Lachen schwer
und als mir das Lachen vergangen war
da lachte ich gar nicht mehr

Der Himmel oben war ganz bedeckt
vor allem im Norden und Süden
darunter wurde ich fortgeleckt
mit meinen Taschen und Tüten

Der Boden unten war hart und glatt
und nass und wurde noch nasser
es waren ungefähr zwanzig Grad
aus meinem Mund floß das Wasser

1965

Siebzehn Tage unterwegs oder achtzehn Tage

1. Lange Fassung

der Schlächter schluchzt und die Genicke knicken
die Schüsseln schimmeln und die Sparren knarren
der Braten brennt es dampfen die Zigarren
die Kannen rinnen und die Damen nicken

die Rüben trübe und die Runkeln funkeln
die Menschen sinken und die Flüsse steigen
die Koffer tropfen und die Geigen geigen
und die Gefühle wühlen tief im Dunkeln

die weichen Teiche und die fette Glätte
der tiefe Topf und die verschluckte Erde
die Brücken knacken und der abgeleerte
der leere Tisch die kalte Zigarette

die Treppe trübe und die Tritte trocken
die Wipfel wischen und die Winde wimmern
die Schachteln klappern in den feuchten Zimmern
der Hagel klappert und die Damen hocken

die Pappeln zappeln dort in langen Reihen
die Schnecken schmecken und die Fische fliegen
die Bäume baumeln und die Damen liegen
die Betten knarren und die Damen schreien

1966

Siebzehn Tage unterwegs oder achtzehn Tage

2. Kürzere Fassung

die kalte Oberfläche unten
der grobe Ober im Oktober
und der November noch viel grober
und der Dezember zugebunden

der Kuchen keucht die Kleider kleben
die nackte Not der Bart die Bärte
der leichte Tod der ungeklärte
der leichte Tod das schwere Leben

die Torten dort und dort die Torten
das Wasser hart der Tisch gebogen
der Winter weich das Bett bezogen
die Zähne spitz die aufgebohrten

der Bauch gebläht der Mund geschwollen
die Zunge zuckt die Achseln knacken
der heiße Dampf aus den Baracken
der Schiefer schief die Knollen rollen

es platzt der Latz die Bleche brechen
die Schürze platzt die Köpfe platzen
die Körper nass auf den Matratzen
wir wollen nicht darüber sprechen

1966

Siebzehn Tage unterwegs oder achtzehn Tage

3. Noch kürzere Fassung

das Wetter wolkenreich und mild
das sehen wir im nächsten Bild
das Wasser fällt das Wasser steigt
die Witwe steht der Geiger geigt

der Sänger singt ein sanfter Rauch
ein kalter Schlaf ein warmer Bauch
die Schneise schnappt der Schornstein knickt
der Geiger geigt die Witwe nickt

die Witwe winkt es knackt der Park
und die Klaviere spielen stark
die Hand im Mund der Sand im Mund
der Rand im Mund die Wand im Mund

der dicke Tag die dünne Nacht
die Schwelle schwillt kurz nach halb acht
der Boden welk die Suppe satt
was hier nicht viel zu sagen hat

und jemand springt als ob er schliefe
hinunter kauend in die Tiefe
und irgendwo rutscht ein Rouleau
so war es doch es war nicht so

1966

Ankunft in Basel 21 Uhr 40

Hier angekommen aus Sankt Gallen speis ich,
ans Licht gekrochen, Alter vierunddreißig,
ein Eis, bedeckt gewittrig, deshalb schmeiß ich
den Löffel nicht ins Korn und nicht ins Reisig,
zwölf Grad jetzt in der Nacht: Tranchirer heiß ich,
ach alter Junge lieber Gott was weiß ich.

1966

Ich verschaffe mir eine kleine Erleichterung
und gehe ein Stück spazieren

Der Regen fällt mir auf den Kopf
der Regen fällt herab
und alles was herunterhängt
das wäscht der Regen ab

Der Regen fällt mir auf den Bauch
dann hört der Regen auf
es geht es geht auch ohne ihn
und ohne mich gehts auch

1966

Nächtliche Bahnhofsgeräusche

Die Frau läßt einen Mann zur Tür herein.
Der Himmel ganz geronnen, flach und fahl,
der Himmel schmilzt. Der Mann ist kalt und kahl.
Der Mann tritt ein, er steht im Lampenschein,

mit seinem ins Gesicht geschlitzten Lachen.
Die Frau ist ganz allein, man hört sie nicht.
Die Frau ist jung, man hört nicht, was sie spricht,
man hört nur, wie die Güterwagen krachen.

Der Mann betritt im Mantel dieses Zimmer.
Inzwischen ist die Nacht vorangerückt.
Die Frau, sie hat sich jetzt nach vorn gebückt.
Die Nacht ist mild und wild und was auch immer.

Die Frau hat sich die Stiefel aufgeknöpft,
und in der Bahnhofshalle, am Geleise,
Personen, wartend auf die Urlaubsreise,
dann sinkt sie weich nach hinten, ganz erschöpft.

Der Mann, er beugt sich über ihren Hals,
der Mann im schwarzen Mantel, der charmante,
und die Personen an der Bahnsteigkante,
mit ihren Koffern wartend, jedenfalls:

ihr Blut, ihr ganzes Leben tropft vom Tisch.
Der Mann im Mantel horcht an ihrem Bauch,
vom Bahnhof kommt Geruch von Ruß und Rauch,
der Mann im Mantel lächelt mörderisch.

Die Frau, sie schweigt, sie kann nun nichts mehr sagen.
Es ist ganz still, doch wenn ich mich nicht täusche,
dann höre ich jetzt die Rangiergeräusche
aus Güterschuppen und von Gleisanlagen,

den Dampf, das Zischen, die Gewalt des Lichts,
die Pfiffe pfeifend jetzt im letzten Akt.
Die Frau liegt ausgestreckt und bleich und nackt:
ein abgebranntes Herz und weiter nichts.

Und dann verschwindet lachend die Gestalt
des Mannes, schwarz im Mantel, mit Gepäck,
im Speiserestaurant zum Bahnhofseck.
Der Mann ist bis in seine Tiefe kalt.

Durch diese leere Stadt sieht man ihn schlendern.
Man sieht den Mantel flattern schwarz im Mond.
Er weht davon am kalten Horizont.
Das ist nun so, daran wird sich nichts ändern.

1966

Überfrierende Nässe

Im Restaurant *Zum Löwenzorn* in Bâle.
Die Gabeln picken und die Münder mahlen,
die Gläser knallen beim Zusammenstoßen,
aus allen Schnallen ist das Schmalz geflossen
und weiter dies und das, als auch, sowohl.
Ich sitze stumm beim dritten Dezi Dôle
und stehe auf und möchte bitte zahlen.
Der weiche Stumpendunst steigt im Lokal.

1967

Die Veränderung der gesellschaftlichen Verhältnisse in Baden-Baden

Im Dickicht, wo das Leben angenehm
und ziemlich leicht vorübergeht und schnell,
verläßt der Kellner das Palasthotel,
der Koch und der Portier und außerdem

der Lehrer, er fährt fort in seinem Wagen,
auch der Friseur und der Versandarbeiter,
der Redakteur, der Arzt und sein Begleiter,
der Schlachter kann die Welt nicht mehr ertragen,

der Bäcker schleicht hinaus, ganz angebrannt,
der Geiger streicht vorbei auf einer Seite,
und auf der anderen Seite sucht das Weite
der Fliesenleger, dünn und unbekannt,

der Schuster schlägt ganz zart auf einen Schuh
und sticht in ihn hinein und stopft ihn zu,
er nimmt den Schuh und knetet ihn wie Brot,
bis er vom Schusterschemel fällt und tot.

1967

Die große Ruhe der Weltkörper

Die Nacht ist um. Der Mond ist ausgegangen.
Der Himmel kalt und blau und wolkenlos.
Am Küchenboden hat man nichts gefunden,
nur einen Kopf, mit Binden zugebunden.
Auf einem Teller liegt ein kalter Kloß.
Die Moritat hat noch nicht angefangen.

Wenn *nichts* geschieht, dann muß es *jetzt* geschehen.
Wenn *nichts* passiert, dann muß es *jetzt* passieren.
Wir stehen auf und gehen, ganz benommen,
denn wer nicht geht, kann niemals wiederkommen.
Wer keinen Ofen hat, der muß erfrieren,
und wer nicht bleiben will, muß eben gehen.

Wenn einer sinkt, dann lassen wir ihn sinken,
und wenn er fällt, dann lassen wir ihn fallen,
und wenn er liegt, dann nehmen wir den Besen.
Die Nacht ist um. Viel mehr ist nicht gewesen.
Das war der Anfang, und nun Schluß mit allen.
Wir stehen auf und gehen einen trinken.

1967

Allgemein und insgesamt gesehn

Ich beginne jetzt mit einem Satz,
doch der Satz ist mir noch unbekannt.
Jemand wirft die Suppe an die Wand
und verläßt am Anfang seinen Platz.

Ja, so könnte dieser Satz beginnen,
und so könnte er auch weitergehn,
allgemein und insgesamt gesehn,
und die Suppe wird herunterrinnen.

Jemand will nun eine Wurst zerschneiden,
von der Größe eines kleinen Schwanzes.
Ich betrachte diesen Fall als Ganzes
und beginne mit den Einzelheiten.

Jemand will die fette Welt verzehren
und er beißt die Klinken von den Türen,
er verzehrt die Bücher und Broschüren,
die besonders leichten und die schweren.

Jemand wirft die Möbel aus dem Zimmer
und man sieht sie auf die Straße fallen.
Jemand schießt und jemand hört es knallen,
heute Nacht wie jede Nacht wie immer.

Später, schon am Rande seines Lebens,
sagte jemand: Manches ändert sich,
aber manches ändert sich auch nicht,
manches stimmt, und manches ist vergebens.

Jemand sagt, verdammt und zugenäht,
und das sagt er laut und durch die Zähne,
meine Herrn, ich habe andre Pläne,
denn es ist noch früh genug zu spät.

Jemand sagt, das kann ich nicht verstehn.
Deshalb denk ich mir am Ende aus,
etwas wie Gelächter und Applaus,
allgemein und insgesamt gesehn.

1968

Gesang beim Aufhängen nasser Wäsche

Wenn ich jetzt, mein Herr, wie eine Spinne,
dort durch diese feuchte Regenrinne

ginge, fett und schwarz wie eine Spinne,
wäre ich noch lange keine Spinne.

Wenn ich jetzt, mein Herr, wie zwanzig Köche,
dampfend dick durch diese Küche kröche,

und wenn alles hier nach Essen röche,
wäre ich noch lang nicht zwanzig Köche.

Wäre ich so dünn wie eine Tüte,
und ich trüge etwa vierzig Hüte,

unter denen ich, mein Herr, verglühte –
Köche, Hüte, Tüte, meine Güte.

1968

Drei unvollständige Versuche das Leben zu beschreiben

1968/1995/2002

ERSTER UNVOLLSTÄNDIGER VERSUCH

Herausgerupft im Juni um zwei Uhr,
mit Zangen nachts hinein in die Natur,
fünf Pfund fleischrot mit einer feuchten Haut,
aus diesem Bauch heraus um zwei, mir graut.

Was da aus diesem Loch herausgekrochen,
herausgeschlüpft, das war nach ein paar Wochen
noch immer auf der Welt: ich war nicht tot,
ich saß im nächsten Jahr beim Abendbrot.

Man steckte mich in Hosen bis zum Knie,
man hörte ein Geschrei, denn jemand schrie,
man setzte mich an einen Tisch und dort
saß schon der Vater. Später ging ich fort.

Hier sieht man eine Seite des Gesichts,
auf diesem Bild ganz rechts und weiter nichts,
man sieht den Bart und den gekerbten Hut,
man hört nun auch des Vaters große Wut.

Doch beim Spaziergang hat er schön gesungen.
Ich hörte es und bin davongesprungen.

1968

Nichts

Ich mache heute ein Gedicht aus *nichts*
ich schreibe nachts wenn keiner widerspricht
ich sitze stumm bei ausgedrehtem Licht
damit mich keiner sieht und mein Gesicht
zersticht und mir diskret die Finger bricht
die eine Schicht kommt auf die andre Schicht
und ich verliere nicht das Gleichgewicht
die Übersicht die Zuversicht das nicht
und jetzt wird das Gedicht veröffentlicht
hier sind wir nun am Ende des *Gedichts*

1969

In Offenbach stürzt eine Dame zu Boden

Jemand spürte wie aus seinem Ohr
etwas kroch mit einem weichen Leib
an der Welt vorbei und in ein Weib
tief hinein und kam nicht mehr hervor

etwas dick und glatt und bis zum Schwanz
schwarz und feucht und ungeheuer lang
aus der Ferne wehte ein Gesang
und erfüllte diese Dame ganz

etwas kroch mit einem weichen Leib
und Gesang erfüllt dabei die Luft
und Geschrei jawohl denn jemand ruft
aus dem Mund ach geh nicht fort und bleib

jemand schrie ich weiß schon wie es ist
wenn aus einem Ohr in Offenbach
etwas schwarz geschwollen lang und ach
daß man dann die ganze Welt vergißt

1969

Schwierigkeiten auf dem Weg nach Süden

Während wir nach Süden gehen,
kann man unter andrem sehen

ungefähr zweihundert Herren,
die uns diesen Weg versperren,

oder siebenhundert Damen,
die aus einem Kino kamen,

oder dreiunddreißigtausend
Vögel durch die Lüfte brausend,

oder einfach so beim Bücken
vierundvierzigtausend Mücken,

oder einfach beim Verbiegen
fünfundfünfzigtausend Fliegen,

plötzlich konnte man entdecken
sechsundsechzigtausend Zecken,

später sieht man währenddessen
siebzigtausend Raupen fressen,

und man steht bis zu den Waden
in rund achtzigtausend Maden,

Kakerlaken, Würmer, Schnecken,
die die Wände dick bedecken,

achtundachtzigtausend Wanzen,
so im großen und im ganzen,

achtundneunzigtausend Schaben,
die sich in die Tiefe graben,

neunundneunzigtausend Läuse,
Ohrenbeuteldachse, Mäuse,

etwa hunderttausend Ratten,
die den Schwanz verloren hatten,

und ein Zug von dicken langen
ungeheuer langen Schlangen,

hundertfünfzigtausend Hunde,
wunde, runde oder bunte,

dreieinhalb Millionen Füße,
Füße, Füße im Gemüse,

viereinhalb Millionen Hüte
hochgehoben, meine Güte,

alle schweben kriechen fliehen,
während wir nach Süden ziehen.

1970

Anfang Mitte Ende

Meine lieben Damen, meine lieben
Herren, jetzt wird alles aufgeschrieben.

Nein, es geht hier nicht um Einzelheiten,
die sich voneinander unterscheiden.

Es geht vielmehr um das Insgesamte,
das Verschwammte und das Gottverdammte.

Es geht um das Schwere, nicht das Leichte,
um das Tiefe, um das Unerreichte,

um das Schneiden und Hinuntergleiten,
ganz von weitem und von beiden Seiten,

es geht um den Gang, den großen Gung
in die Tiefe der Erinnerung.

Dort ist alles kalt und abgenagt,
damit ist das Wichtigste gesagt.

Alles andre wird man später hören.
Weitere Worte würden hier nur stören,

und es bleibt so, wie es immer war,
heute, morgen und im nächsten Jahr.

Dünn vom Himmel fällt der Schnee wie Grieß,
erstens das und zweitens schließlich dies:

Es verschwindet rasch die ganze Nacht,
und der Mund wird endlich zugemacht.

Vor dem Fenster alles leer und schwer,
doch das spielt jetzt keine Rolle mehr.

1971

Alles andre: ungewiß

Abends sah ich einen Hut
und die Atemstöße wehen,
rauchend schwarz, beim Weitergehen
kam etwas aus meinem Mund,
wie im Schlaf, ganz weich und rund
ausgeblasen, kurz und gut.

Auch ein Rascheln in den Taschen,
von Papier, vielleicht von oben
abgerissen hochgeschoben.
Das ist jetzt das letzte Loch,
doch ich lebe immer noch,
nur die Welt ist weggewaschen.

Und der harte Himmel biß
mir den Kopf ab und die bleichen
Hände Füße und dergleichen
Ohren ab und ich verschwand
rauchend in der Zimmerwand.
Alles andre: ungewiß.

1971

Roaringwater Bay

In Schull in der Nähe des Meeres
da fuhr man mich einfach um,
als Opfer des Straßenverkehres
ging ich eine Weile krumm.

Mit ungefähr vierzig Jahren,
da war ich zum ersten Mal tot,
ich bin dann nach Dublin gefahren
und später nach Cork mit dem Boot.

Jetzt will ich die Welt austreten
mit meinem geschwollenen Fuß,
mit Pauken und mit Trompeten,
ich trete die Welt zu Mus.

Der Himmel ist weich und verschwommen,
es regnet mir auf das Papier.
Ich bin dann nach Bantry gekommen
und jetzt bin ich wieder hier.

1971

Die lasterhaften Straßen von Berlin

Die Hüte lasterhafter Männer und die Hosen
die Röcke lasterhafter Damen und die großen
die großen lasterhaften Augen und die Blasen
die großen Blasen auf den lasterhaften Straßen

Auf den zerschlitzten Sitzen Blut und schwere Füße
der tiefe Morgenschmerz der Rost die Regengüsse
die roten Köpfe und die Windgeschwindigkeiten
der Kot die Wassernot der Sturm die Trockenheiten

Am Anfang nackt und blind wie kleine dicke Bohnen
wie dicke Bohnen nackt und blind auf den Balkonen
am Ende dick auf den Balkonen nackt und blind
der Wind drückt meine Stimme in den Mund: der Wind

1971

Die Empfindlichkeit des Mondes und des Mundes

Oh der Mond schwebt über dünne Wälder.
Seht den runden Mund, den ausgeleerten.
Langsam soll es wieder wärmer werden,
doch dann wird es langsam wieder kälter.

Uh der Mund, er frißt die nackten Hände.
Oh der Mond, zerrissen von den Wolken,
fällt herab, ganz kalt und ausgemolken
kriecht er über das Fabrikgelände.

Ach die Wolken sind davongeflogen,
und zurückgeblieben ist der Mond,
aufgedunsen bleich und unbewohnt,
und der Mund, von Haaren überzogen,

die den Mund und die den Mond bedecken,
Haare, Haare, viele Haare und
und noch ein paar Worte aus dem Mund,
doch sie bleiben mir im Munde stecken.

1972

Verschiedenes

Heute fällt mir eine Kälte ein
und ein bleiches riesiges Gelände
und zwei Hände und zwei Gegenstände,
und mir fällt ein Stein ein und ein Bein.

Danach fällt mir eine Stimme ein
und ein Fuß und später noch ein Fuß,
etwas Schlamm am Ende eines Schuhs
und ein Mann mit einem Lieferschein.

Und ein Nebel fällt mir ein, ein Rauch,
eine Theke fällt mir ein und hier
etwa dreizehn oder vierzehn Bier
und ein Gurgeln tief in meinem Bauch.

Heute ist es warm und kalt, ich stehe
in Neu-Isenburg im schwarzen Dreck,
und ich sage nichts, ich gehe weg
und vergesse alles was ich sehe.

Mit mir gehen etwa zwanzig Leute
hier an diesem kalten Abend: Heute.

1972

In Bornheim, aus dem Fenster hinausgesprochen

Zuweilen rauscht ein Windstoß durch die Steppe.
Der Dampf steigt aus den Wäldern schwer und heiß.
Die Witwe mit der Schleppe auf der Treppe.
Und tief im hohen Norden knirscht das Eis.

Die Witwe schwebt, man sieht die Witwe schweben.
Hart fällt der Regen in die großen Pfützen.
Die Witwe steht, vom Regen ganz umgeben.
Die Welt ist naß. Die Menschen tragen Mützen.

Der Regen fällt. Die großen Schiffe schwanken.
Und auch die Witwe schwankt ganz schwarz und wild.
Wir kommen jetzt auf andere Gedanken.
Und danach kommen wir zum nächsten Bild.

Seht die geduckten Schiffe ziehen, fauchend.
Die Menschen sinken und die Flüsse steigen.
Die Witwe unter ihrem Schleier, hauchend.
Und hört die Stimmen, die jetzt alle schweigen.

Seht dort die ganze Welt mit diesen schnellen
gewölbten Schirmen und den Pelerinen.
Und seht die Menschen, die sich unterstellen.
Und seht die Witwe hinter den Gardinen.

Die Sümpfe, die sich überall verbreiten.
Der Himmel ist schon fett und wird noch fetter.
So ist die Welt. So ändern sich die Zeiten.
Nun kommen wir zum eigentlichen Wetter.

Seht wie die Wolken sich ganz leicht bewegen.
Und dort die Witwe, sie bewegt sich auch.
Der Himmel ganz bedeckt, verbreitet Regen.
Die Witwe legt sich nieder, hier im Rauch.

Jetzt fällt der Schnee herab und daran lag es.
Die Witwe nackt, die Witwe nackt und schwach.
Das war am Abend eines dicken Tages.
Der Schnee liegt leicht wie Mehl auf meinem Dach.

1973

Das ungeheuer langsame Leben in Frankfurt-Ost

Das Brot, der Kot, der Schlot, die Atemnot
in Frankfurt-Ost, von Pfeifenrauch umgeben.
Soviel ich weiß ist man nur einmal tot,
und einmal ist man, wie ich weiß, am Leben.

Das Kind, der Grind, der Spind, der Abendwind.
Der Wind in Frankfurt-Ost ist kein Vergnügen.
Die Fenster klappernd blind, der Regen rinnt.
Ein Mann kommt an mit tiefen Pfeifenzügen.

Der Kamm, der Schwamm, der Schlamm, das Nachtprogramm
in Frankfurt-Ost. Ein Mann geht auf und nieder.
Ein Mann verschwand, der später wiederkam,
ein andrer Mann verschwand und kam *nicht* wieder.

Der Tee, der Zeh, der Dreh, das Kanapee.
Ein leichtes Knarren auf dem Korridor
in Frankfurt-Ost, ein Leben in Gelee.
Das ist zwar selten, aber es kommt vor.

Der Ort, der Lord, der Mord, das Abschiedswort.
Ein leichtes Saugen und ein leichtes Fauchen.
Ein Mann kam an und später ging er fort.
Ein leichtes Knacken hier beim Weiterrauchen.

Der Rumpf, der Stumpf, der Sumpf, der Damenstrumpf
in Frankfurt-Ost. Der Dunst von Rauchtabak.
Ein Mann kam an und ging, geduckt und dumpf.
Der Dunst von Rauchtabak am Donnerstag.

Der Fuß, der Schuß, der Schluß, der Regenguß.
Und drei Chinesen essen unterdessen
ein dickes Mus, ein dickes dunkles Mus.
Das schwarze Ende habe ich vergessen.

1973

Bei Einbruch der Dunkelheit

Wer nichts mehr sagt, kann jetzt damit beginnen.
Und wer nicht sitzen kann, der muß jetzt stehn.
Und wer nicht stehen kann, der muß jetzt gehn.
Und was nicht außen ist, das ist jetzt innen.

Und deshalb sehe jeder, wo er bleibe,
damit er nicht mit mir zusammenpralle.
Wer geht, der hüte sich, daß er nicht falle
und auf dem Boden liegt mit seinem Leibe.

Und was geschieht, wenn gar nichts mehr geschieht?
Zum Beispiel in der Tiefe, wie bisher?
Dann ist es kalt und dann geschieht nichts mehr,
dann ist es kalt und dunkel, wie man sieht.

1973

Nach dem Öffnen des sechsten Bieres im Mai

so gut so blut so bleich so blank so blau
so nein so kein so fein so ach so flach
so zeh so weh so wand so haus so dach
so rock so arm so barm so warm so frau

so schlitz so spitz so haar so klar so rauh
so lang so schlang so krach so stach so schwach
so nackt gepackt so nach und nach so wach
so kurz so sturz so flau so ungenau

so klein so bein so nein so doch so noch
so dick so knick so zwick so rund so wund
so nie so knie so jalousie so kroch

so wie so was so dies und das so mund
so nass so blass so krass so stoch so loch
so hier so gier so bier so schlund so und

1973

Der Autor verläßt den Boden der Tatsachen
und zieht nach Mainz

Alles ausgeblasen
kein Verkehr
kein Verkehr mehr
auf den Straßen

Nicht mehr so
wie in den großen
Tagen in den ganz famosen
den verstopften Tagen – oh

1973

Damen und Torten in einer Parklandschaft

Lieber Leser: hier im Norden
oder dort im tiefen Süden,
sieht man sie mit dicken Tüten
gehen, wunderbar, mit Torten,
dunkle Damen und mit Hüten.
Ich beschreibe sie mit Worten.

Doch ich muß auf Worte warten,
hier beim Sitzen und Beschreiben,
Reiben und Vorübertreiben
dieser Damen mit den harten
Tüten, ich muß sitzenbleiben,
und ich muß von den aparten

Hüten Tüten Worten Damen
Torten eine Weile schweigen,
denn sie kommen und sie kamen
und sie stiegen und sie steigen
aus den schwarzen Ehedramen
und verschwinden in den Zweigen.

1974

Das Wort, das Loch, das Meer

Jemand hat ein Wort verschluckt, ein Wort,
und es war ein Wort von solcher Größe,
daß es sicher auf uns niederflösse
und im Munde schließlich untersänke,
wie der Schnaps in irgendeiner Schänke,
dieses Wort war da, nun ist es fort.

Jemand hat ein Loch verstopft, ein Loch,
und es war ein Loch von solcher Tiefe,
daß man, wenn man ganz von unten riefe,
oben nichts mehr davon hören würde,
daß man nichts berührte und nichts spürte,
dieses Loch war leider weder noch.

Jemand hat das Meer verzehrt, das Meer,
und das Meer, es war von solcher Breite,
von der einen bis zur andren Seite,
daß es schwer in seinem Magen rauschte,
und es rauschte weiter und er lauschte,
aber das gefiel ihm nicht so sehr.

1975

Vorgänge, Bewegungen und Geräusche
in, ich glaube, Wolverhampton 1.

1.

Anfang ist das erste Wort – wie immer.
Etwas spritzt in einem schwarzen Zimmer.
Jemand sinkt auf einem Stuhl zusammen.
Aus dem Fenster lecken spitze Flammen.

Jemand sieht hinein in eine runde
tiefe schiefe intensive Wunde.
Jemand stirbt dort oben und soeben.
Unten würde er vielleicht noch leben.

Seine Augen kalt und seine Ohren,
seine Ohren kalt und zugefroren.
Etwas kriecht ganz dunkel aus dem Mund
und verschwindet rasch im Hintergrund.

Jemand steht beklommen und benommen.
Doch es sollte noch ganz anders kommen.

1976

Vorgänge, Bewegungen und Geräusche
in, ich glaube, Wolverhampton 2.

2.

Jemand, in Gedanken, zieht den Hut.
Jemand steht, es geht ihm nicht so gut.
Später fällt er plötzlich einfach um,
und man weiß bis heute nicht warum.

Jemand fällt, dann steht er wieder auf,
erst liegt er am Boden und darauf
steht er auf und wirkt nun ganz gelassen.
Jemand kann sich dann als erster fassen.

In der schweren schwarzen nassen Nacht,
hat sich jemand nichts daraus gemacht,
er liegt tief am Boden, ausgestreckt,
und der Schlamm hat alles zugedeckt.

Niemand blutet, niemand hört man schießen,
doch das alles ist nicht auszuschließen.

1976

Vorgänge, Bewegungen und Geräusche
in, ich glaube, Wolverhampton 3.

3.

Schon am nächsten Tag in Wolverhampton,
findet statt: Der Auftritt eines Fremden.
Jemand sieht die Zigarettenreste
auf dem Hemd des Fremden und der Weste.

Jemand steht an der Brikettfabrik,
und er übersieht den Fall mit einem Blick.
Jemand sagt: Der Mann gefällt mir nicht.
Aber er behält die Übersicht.

Wolken oben, unter diesen Wolken
fängt er an, den Fremden zu verfolgen.
Etwas spaltet sich und etwas kracht,
aber das kommt nicht mehr in Betracht.

Jemand sagt: Hier haben wir den Rest,
und was später kommt, steht noch nicht fest.

1976

Vorgänge, Bewegungen und Geräusche
in, ich glaube, Wolverhampton 4.

4.

Dann war eine ganze Weile nichts.
Jemand saß im Schein des Lampenlichts.
Etwas tauchte auf und es verschwand.
Ach die Angst hat eine kalte Hand.

Wie durch einen Zufall kommt der Fremde
rechts hereinspaziert durch die verklemmte
Seitentür, wie durch die nackte Wand.
Jemand sagt: Der Mann ist unbekannt,

er ist unbekannt und unbeliebt. –
Weil es nichts mehr zu berichten gibt,
muß ich, Leser, hiermit schließen,
und das werden Sie zu schätzen wissen.

Diesen Teil wird man noch überstehn,
und was später kommt, wird man schon sehn.

1976

Vorgänge, Bewegungen und Geräusche
in, ich glaube, Wolverhampton 5.

5.

Im Laternenschein, im leichten Schatten,
liegt der Fremde unter Gehwegplatten,
ganz verkrümmt und platt und eingeklemmt,
stumm und nackt zerknackt verpackt und fremd.

Über diesen ganz speziellen Fall
sagt man nichts, so ist es überall.
Jedes Leben geht einmal vorüber,
also reden wir nicht mehr darüber.

Das ist traurig, das ist schief und schade.
Aber nein, das ist es ja gerade,
sage ich, der Schreiber dieser Zeilen.
Alle müssen wir uns jetzt beeilen.

Damit alles sich zum Guten wende,
ist das letzte Wort wie immer: *Ende*.

1976

Mitteilung an den Bürgermeister von Bad Orb

Ich bin gezwungen, Ihnen mitzuteilen:
es handelt sich, mein Herr, um Doktor K.
K sagte mir, er wolle hier verweilen,
wenn er das will, dann muß er sich beeilen,
am Samstagabend war er noch nicht da.

Und auch am Sonntag war er nicht bei mir.
Herr K kann Tango tanzen wie kein zweiter,
er spielt ganz wunderbar auf dem Klavier,
und weiter kann er trinken wie ein Tier,
radfahren, singen, pfeifen undsoweiter.

Und er kann boxen, kurzum: er kann alles.
Wenn man ihn ansieht, könnte man sich denken,
daß Doktor K, im Falle eines Falles,
auch schweben könnte, selbst in Dubs und Dalles,
und jeder würde ihm Vertrauen schenken.

Bei mir hat sich Herr K jedoch verstellt.
Ich teile Ihnen mit, Herr Bürgermeister:
K ist der größte Schurke auf der Welt,
und er verschmiert die Welt mit meinem Geld.
Hochachtungsvoll: Frau Hannelore Deister.

1977

Die nächtlichen Ereignisse im Winter 79

Jemand geht den Gang entlang
und ich höre den Gesang
und ich höre auch das Pfeifen
und das Stöhnen und das Schleifen
und es wird mir angst und bang

und ich höre Stiegensteigen
und auch das Geräusch von Geigen
und ich höre von Klavieren
das Geräusch und das von Tieren
doch darüber will ich schweigen

schwarz ein Beben und ein Heben
und ein Klammern und ein Kleben
und ich höre einen Bauch
doch darüber schweig ich auch
hier in W beim Weiterleben

mit Soubretten und Tenören
die die Abendruhe stören
und mit dem Darüberfliegen
hier beim Stehen und beim Liegen. –
Schluß. Man wird noch von mir hören!

1979

Ab nach Amerika

Erstens das erste und zweitens das zweite,
was man auch sieht, es fließt alles vorbei,
damals war damals und heute ist heute,
anfangs da kommen dann gehen die Leute,
etwa um zwei oder später um drei.

Gestern war gestern und morgen ist morgen,
groß ist der Mond in Ohio und nah,
in Alabama, vom Nebel verborgen,
tief in Connecticut knallen die Korken,
also dann ab nach Amerika.

1979

Fünf Kalendergedichte

1
Erst fällt man aus einer Straßenbahn,
dann stürzt man von einer Leiter,
und wenn man daran nicht sterben kann,
dann lebt man eben so weiter.

2
Wir essen mit Gabel und Messer,
da kommen wir schon zurecht,
und werden wir auch nicht besser,
so wird es uns wenigstens schlecht.

3
Das Leben ist zuweilen trist,
so ist das halt im Leben,
und was im Leben nicht so ist
wird noch bekanntgegeben.

4
Der nasse Tod der nasse Tod,
das Meer frißt Mann und Maus,
und was es nicht mehr fressen kann,
das spuckt es wieder aus.

5
Lieber Leser: gar nichts wird sich
ändern jetzt mit achtundvierzich.
Aber bitte sein Sie froh:
bleiben wird es auch nicht so.

1980

Gebratenes Sonett

Nach einem Text von Paul Scheerbart:

Gebraten auf dem Sopha, weich geschwollen,
das Fleisch geschätzt, ein flacher Fisch: die Flunder
springt auf den Tisch. Die Lampe fällt herunter.
Herr N im Schaukelstuhl beginnt zu grollen.

Sie hüpft auf ihrem knusprig wundervollen
gebacknen Schwanz mit dunklen Flecken munter
und singt und singt, im Mittelmeer mitunter,
und wandert seewärts, ähnlich wie die Schollen.

Die Faust kracht auf den Tisch. Die Welt verbrennt.
Die Flunder fließt davon. Ein ganz verwehter
Dezembertag beginnt jetzt im Moment.

Die Flunder: etwa dreißig Zentimeter,
im Unterlauf der Ströme. Man erkennt
sie am Gesang. Doch alles andre später.

1980

Paul Scheerbart: Die gebratene Flunder
Die gebratene Flunder sitzt auf dem gelbseidenen Familiensopha und sinnt – sinnt lange. Plötzlich springt sie auf und schaut den heiligen Nepomuk, der sich im Schaukelstuhl ein bißchen schaukelt, durchdringend an. Dann ruft sie, während sie auf ihrem knusprigen Schwanz in der Stube herumhopst: »Nepomuk, Du solltest Kaiser von Pangermanien werden – wahrhaftig! wirklich!« »Du hast wohl«, erwidert Nepomuk, »zu viel gebratene Butter im Kopp!« Die gebratene Flunder springt auf den Tisch und singt die Marseillaise. Da wird der heilige Nepomuk wütend und schlägt mit der Faust auf den Tisch. Was geschieht? Die Lampe fällt runter und explodiert. Alles verbrennt und stirbt. Die Asche gibt kein einziges Lebenszeichen von sich. Hieraus erkennt man wieder, wieviel der Zorn zerstören kann.

Anfang achtzig
Die Vernichtung der Langeweile durch Musik

Zwei Männer kamen vor zwei dunklen Wochen
in dieses Haus, von dem die Rede ist.
Deshalb wird jetzt von diesem Haus gesprochen.
In diesem Haus wird eine Frau vermißt.

Eiskalt im Jahre achtzig, Wolken leichte,
als das am Fenster ausgegossne Wasser,
bevor es noch den Hinterhof erreichte,
gefror, man glaube bitte dem Verfasser.

Zwei Männer kommen aus dem dunklen Flur.
Die Nacht war um, so hat es angefangen.
Sie treten in den Hof, in die Natur
von Abflußrinnen und von Teppichstangen.

Waschküchen qualmend, leere Fahrradständer,
verstopft Aborte und verrußte Schlote,
der tiefe Rost am Treppenhausgeländer,
Fleischteile tot im Wasser schwimmend rote,

vom Rumpf getrennt mit scharfen Instrumenten,
ein Sack mit spitzen Knochen, Hühnerknochen,
hart abgeschnitten kalt von Menschenhänden,
vor ein paar dunklen Wochen abgestochen.

In allen Kellern Kohlen und Kartoffeln,
gehacktes Holz, geplatzte Reisetaschen,
Sardinenbüchsen und Saffianpantoffeln.
Zwei Männer kommen an mit Rotweinflaschen.

Der erste öffnet den Posaunenkasten,
der andere, im nächsten Augenblick,
der öffnet ein Klavier und drückt die Tasten.
Zwei Männer machen Hinterhausmusik.

Es rauscht, es stampft, es dampft aus allen Küchen,
aus Aschekübeln und aus Schornsteinkuppen,
und zwischen diesen Kohl- und Fischgerüchen,
geronnen zwischen Milch- und Nudelsuppen,

da kommt ein dritter Mann und bläst Trompete,
ein vierter Mann ein fünfter Mann und weiter,
ein sechster Mann hält eine kleine Rede,
ein siebter bläst Kornett auf einer Leiter.

Zwei drei vier fünf sechs Männer oder sieben,
sie alle stehen da und sagen *Prost*.
Ich habe hier das Ganze aufgeschrieben.
Eiskalt im Jahre achtzig, großer Frost.

1980

Anfang und Ende in Z

Als es anfing in Z war Schluß, apropos:
Der Fluß floß zum Fenster hinaus, so war es
in Z, am Anfang des fünfzigsten Jahres,
ich glaube in Z, in der Nähe von O.

1982

Schlechte Stimmung im Süden

Morgen Mittag Abend undsoweiter
Samstag Sonntag Montag undsofort
März April bedeckt Mai heiter
Juni Juli und August verdorrt.

Hier ist meine Mütze und mein Schuh.
Und jetzt zieh ich die Gardinen zu.

1982

Oben in Ober-Olm

A ach der Aal am achten Abend ach
B bebend bellend beides: Berg & Bach
O Olm oh Ober-Olm oh Ort oh so
so roh so Wort mit O und anderswo
Z zwickend zweimal zweifelnd Zwang ganz hart
Z zuckend Zungen Zangen Zorn und zart

Verzeihung daß ich mich zum Gehen wende
doch meine Arbeit ist an diesem Punkt zu Ende

1982

Erfreuliche Neuigkeiten

Ich bin einem Bäcker begegnet,
in einer Konditorei.
Ich glaube, es hatte geregnet,
ich ging an dem Bäcker vorbei.

Es war im April gegen sieben,
am Dienstag in Zornheim-Nord.
Ich habe es niedergeschrieben.
Dann zog ich von Zornheim fort.

1983

Vier Männer in Mänteln

Der erste Mann war ein schwerer Mann,
und er kam ich glaube aus Zell.
Und weil dieser Mann nicht mehr gehen kann,
geht er jetzt ins Bahnhofshotel.

Der zweite Mann, der aus Zwiesel kam,
der kroch aus dem Nebel hervor.
Der zweite war alt, der zweite war lahm,
er fror im Genick und am Ohr.

Und als der dritte vorüberschlich,
der Mann kam aus Mölln und war klein,
er setzte sich hin und er klopfte sich
an sein eingeschlafenes Bein.

Der Mond versank als der vierte erschien,
er kam aus der weiten Welt,
er roch nach der schwarzen Nacht von Berlin
und hat sich ein Frühstück bestellt.

Vier Männer saßen am Tisch und man sah
sie füllten sich ihren Bauch.
Das kommt der Wahrheit ebenso nah
wie alles andere auch.

1985

Im Bereich eines Tiefdruckgebietes

Seht die geduckten Schiffe dampfend dort.
Leicht fällt der Regen auf das Meer, so leicht.
Der Tag vergeht, es kommt die dunkle Nacht.
Und etwas stürzt herab und etwas kracht.
Der dicke Himmel ist ganz aufgeweicht.
Seht die geduckten Schiffe ziehen fort.

Im Osten Frost, teils teils betrübt und Ärger,
und in den dürren Wäldern wühlt der Wind.
Der Sommer rollt vorbei, der Herbst, der Winter,
das nächste Jahr und dann das Jahr dahinter,
so weiter, bis das nächste Jahr beginnt.
Und danach wühlt der Wind noch etwas stärker.

Seht hinter fortgewehten Hüten hinken
die Männer schwarz dahin im Schlamm im Schlick.
Der Himmel platzt, das Wetter ist zu Ende,
nun kommt das Ende aller Gegenstände,
und das geschieht im selben Augenblick,
wo auf dem Meer die Schiffe untersinken.

Kein Wort und kein Geräusch mehr und kein Ton,
kein Knirschen und vor allem kein Zerknallen.
Der Tag ist aus, wir sitzen jetzt im Kalten.
Da muß man seinen Hut doch aufbehalten.
Die Schiffe fliegen in die Luft und fallen
zurück aufs Meer – und jetzt genug davon.

1986

Die letzte Woche im März

Ich habe den Montag erschlagen,
am Montag saß ich in Bonn,
ich hatte nicht viel im Magen,
ich wurde nicht satt davon.

Ich habe den Dienstag geschlachtet,
der Dienstag war dünn und war blass,
ich habe in Köln übernachtet
und wurde vom Regen nass.

Ich habe den Mittwoch zerrissen,
ich wohnte im Zentrum von Bern,
ich habe hineingebissen,
ich aß den Mittwoch nicht gern.

Ich habe dann etwas zerschnitten,
ich glaube den Donnerstag,
dann bin ich vom Sessel geglitten,
am Donnerstag lag ich in Prag.

Ich habe den Freitag erstochen,
in Stuttgart, der Freitag war glatt,
ich bin durch den Freitag gekrochen
und wurde vom Freitag nicht satt.

Ich habe den Samstag verschlungen,
am Samstag in Marl oder Hamm,
der Samstag war völlig mißlungen,
er schmeckte nach Schlamm oder Schwamm.

Ich habe den Sonntag gegessen,
der Sonntag war nass und war kalt,
ich habe in Essen gesessen
und war sechzig Jahre alt.

1993

Sechs Damen aus Ober-Olm

Die erste sagt *O*. Die zweite ist froh.
Die dritte öffnet den Kimono.
Die vierte sagt *I*. Die fünfte sagt *Wie?*
Die sechste zeigt ihr verbundenes Knie.

Die erste sagt *A*. Die zweite sagt *Ja*.
Die dritte öffnet den Wonderbraa.
Die vierte sagt *E*. Die fünfte *Allez!*
Die sechste lüftet ihr Negligé.

Die erste sagt *U*. Die zweite *Wozu?*
Die dritte bedeckt ihr feines Froufrou.
Die vierte sagt *Ach*. Die fünfte wird schwach.
Die sechste hängt ihren Gedanken nach.

Die erste sagt *AU*. Die zweite sagt *Schau*.
Die dritte zeigt ihren Körperbau.
Die vierte sagt nichts. Die fünfte sagt nichts.
Hier sind wir am Ende dieses Gedichts.

1993

Gemüsegedicht

Melone Kürbis Gurke und Tomaten
Kohlrabi rund und weiße rote Rüben
der Porree ist am besten dick und fest
die Kresse und ein Petersilienrest
die Gurke kommt dazu in schönen Schüben
der Schnittlauch dient als Würze zu Salaten

Ach diese sehr geschätzten Nahrungsmittel
und die vom Fleisch befreiten grünen Bohnen
die abgespülte Wurst der kalte Fisch
beenden rasch das Tagesleben: *zisch*
der Speck läuft grünlich an und wir betonen
Gemüse ist der Grund für diesen Titel

1993

Drei unvollständige Versuche das Leben zu beschreiben

1968/1995/2002

ZWEITER UNVOLLSTÄNDIGER VERSUCH

In Saalfeld am Rande der Saale,
da kroch ich hinein in die Welt,
da habe ich einige Male –
doch das ist ein anderes Feld.

In Frankfurt, in Sachsenhausen,
da blies mir der Dreck ins Gesicht,
in Hamburg war ich oft draußen,
doch das fällt hier nicht ins Gewicht.

Ich habe gewohnt in Sankt Gallen,
ich habe gewohnt in Berlin,
da bin ich hinuntergefallen,
da fahre ich wieder mal hin.

Ich bin nicht in Basel geblieben,
dort war ich mal oben mal unten,
ich bin nach fünf, sechs oder sieben
Jahren aus Basel verschwunden.

Ich habe gewohnt in Manhattan,
in Gonsenheim und in Paris,
im Nebel, im Dunst und im fetten
Wiesbaden, im Regen, im Gries.

Ich habe gewohnt in den Bergen,
jetzt wohn ich am Kästrich in Mainz.
Ich möchte am Ende bemerken:
mit der Geduld eines Steins.

1995

Moll oder der tiefe Tod in O

Moll wurde in den feuchten Morgenstunden,
das Fleisch bedeckt und von Gestrüpp umwachsen,
bis in die Tiefe tot im Schlamm gefunden,
in einem Waldgebiet in Niedersachsen.

Und wenn man meint, das sei nicht der Moment
für Doktor Moll und auch nicht das Gelände,
es sei nicht nett, vor allem nicht dezent,
dann sage *ich:* Das ist ein schönes Ende.

Am Anfang ist Herr Moll ganz unbekannt.
Doch mit der Zeit wird Doktor Moll bekannter.
Man rühmt Herrn Moll und seinen Sachverstand,
es wächst sein Ruf, Herr Moll geht auseinander.

Um festzustellen wie das Leben ist
und was es sonst noch gibt auf dieser Welt,
wo alles spießt und sprießt und niederfließt,
hat Moll sich in der Mitte aufgestellt.

Dort steht er ernst und still und unbefangen,
dann ist er in die Welt hinausgezogen,
mit seinem Hut, er ist vor einer langen
vor einer langen Zeit davongeflogen.

Wir werden später noch darüber reden.
Hier reden wir zunächst von Doktor Moll.
Er lebt erst in der Schweiz und dann in Schweden.
Sein Leben war kurz und geheimnisvoll.

Herr Moll war eine lange Zeit verschwunden,
man suchte ihn auf Messen und Kongressen,
am Ende hat man ihn im Schlamm gefunden,
man trug ihn fort, dann hat man ihn vergessen.

1997

Miss Molly Mann

Am Samstag, Oktober, am Pyrmontlaan,
da war ich so leicht und so heiter.
Sie hieß Molly Mann und sie kam mit der Bahn,
und sie faßte mich mit dem Munde an,
das ging eine Weile so weiter.

Am Sonntag, Oktober, in Amsterdam,
da lief sie ein paarmal im Kreise.
Der Himmel verschwamm, und sie nahm ihren Kram
und ging mit dem Koffer hinaus in den Schlamm.
Natürlich nur andeutungsweise.

Am Montag, Oktober, im Bahnhofsklosett,
sein Name war Heinz oder Hans.
Der Mann roch nach Bier und er war ziemlich fett,
er war ein Vertreter aus Norderstedt,
und sie verschluckte ihn ganz.

Am Dienstag, Oktober, im Stundenhotel,
da roch es nach Müll und Tabak.
Sie lag auf dem Bauch und die Nummer war schnell,
er war ein Konditor aus Radolfzell
und eigentlich nicht ihr Geschmack.

Am Mittwoch, Oktober, im Mondenschein,
da schob sie den Rock in die Höh.
Das war in Speyer, am goldenen Rhein,
er war ein Geschäftsmann und hörte sie schrein:
Oh meine Güte Monsieur.

Am Donnerstag, Freitag, im Vondelpark,
da fiel weder Regen noch Schnee.
Mir fehlten rund dreihundertfünfzig Mark,
ich dachte: jetzt machen wir Schluß mit dem Quark.
Dann ging ich ins braune Café.

1998

Der Regen von oben

Eine ganze Weile später am nächsten Abend
in diesem leeren braunen Café in der Ecke
zwei drei vier Meter unter dem Meeresspiegel
auf diesem nassen heißen sumpfigen Grund
sitze ich rauchend und rauche und rauche
während der Regen von oben herabfällt der Regen
und während der Regen herabfällt von oben
bin ich ganz froh daß ich sitze und rauche
und daß nicht plötzlich alles versinkt in der Tiefe
nicht in diesem Moment wo ich rauche und rauche
sondern erst in ungefähr zweihundert Jahren

1998

Montag 20 Uhr 30

Am Montag um zwanzig Uhr dreißig,
da bläst mir der Mond ins Gesicht.
Am Boden liegen die Steine.
Die Hände sind kalt und die Beine.
Das Wetter ist schlecht, es ist eisig.
Aber ich fürchte mich nicht.

1999

Im Süden von Frankfurt am Main

Wir wollen jetzt etwas berichten
von Frau Marianne Roth.
Sie saß in der Knolle, im dichten
Nebel, bei Fleischwurst und Brot.

Um acht, in der Gastwirtschaft Knolle,
da saß sie beim vierten Bier.
Ob ich mit hinaufkommen wolle,
sagte sie damals zu mir.

Sie wollte mir etwas zeigen.
Das war Vierundneunzig, April.
Es knarrte beim Stiegensteigen,
doch sonst war es ziemlich still.

Sie zeigte mir erst ihre Beine,
und später ihr Silberbesteck
und dann ihre Gallensteine.
Um drei Uhr mußte ich weg.

Die Stiegen knarren beim Gehen.
Der Mond am Himmel ist klein.
Ich hab sie nicht wiedergesehen
im Süden von Frankfurt am Main.

Im Winter schwitzen die Wände.
Die Luft im Sommer ist dick.
Vor dem Fenster liegt das Gelände
der Bahn und der Pumpenfabrik.

2000

Bei der zufälligen Betrachtung des Mondes im April

Im kalten April,
beim Betrachten des Mondes,
ist es ganz still.

Etwas Unbewohntes
rechts auf der Seite,
die ganze Breite
mit Büschen besetzt.

Bis zu der Schneise,
bis zum Getreide
ist alles leise.
Und ich rufe jetzt

so laut wie ich will.

2001

Das unwahrscheinlich schöne SCH
und der Abschied von Schanghai

das SCH der Schnee das Schmelzen und das Schreiben
der Schluck der Schleier schwerelos der Schaum
der schmale Schatten im Maschinenraum
die schwarzen Menschenschlangen vor den Scheiben

die schlanken Schlote schwebend auf den Tischen
die Schinkenschnitten und die Suppenschüssel
das Schmalz die Schere und der Schraubenschlüssel
die schönen Schuhe das Darüberwischen

die schiefen Scheunen und das schräge Schneien
der Schlick der Schutt die Schmiere und der Schwamm
der Schrott die Schlucht die Schlacke und der Schlamm
der Schoß der Schlitz die Schenkel und das Schreien

der Schwanz der Schwung geschwollen Regenschauer
der Schmerz das Knirschen schauderhaft der Schall
der Schlund der Schlauch die Schnalle und der Schwall
Max Schmeling schwankend schwer wie Schopenhauer

das scharfe Schnaufen und der Schlag der Schaden
der Schweiß der Schwefel und der schwache Schrei
das Schiff das Schaff der Abschied von Schanghai
das Schaukeln schweigend und am Schluß die Schwaden

2002

Das Ende der Gemütlichkeit

Im milden Mai im Jahre zwei im milden,
im Mai, womöglich im April, vielleicht,
erscheinen leicht gebleicht und aufgeweicht,
die wilden Damen schrill und die bebrillten.

Man sieht die Damen sich diskret bewegen,
sie kommen und sie gehen ins Café,
und dieser kalte Schnee das ist kein Schnee,
und dieser warme Regen ist kein Regen.

Die Damen, die sich durch die Türen drehen,
sie schmelzen, sie verbrennen wie Papier,
am Sonntag um halb vier spielt ein Klavier.
Die Herren mit den Menschenaugen gehen

zum Bier. Man sieht sie schwarz vorüberschreiten,
mit Hüten und den Hals umhüllt mit großen
Krawatten, eng, in festlich dunklen Hosen.
Die ganze Welt wie in den alten Zeiten.

Die Güterschuppen und die Flaschensplitter,
die Schlackenhügel und die Kohlenhaufen,
die Wassertürme beim Vorüberschnaufen,
die Malzfabrik, die Kellerfenstergitter.

Und wolln Sie wissen, was ich davon halte?
Ich halte, meine Herren, nichts davon.
Ich sitze tief im Schnaps am Grammophon,
im milden Mai, wobei es plötzlich knallte.

Das ist die letzte Möglichkeit gewesen.
Der Leser dampft. Der Leser tut mir leid.
Er hat das alles bis zum Punkt gelesen.
Nun kommt das Ende der Gemütlichkeit.

2002

Einige unnötige Andeutungen über irgendetwas

Auf Wiedersehn, wir werden demnächst sterben,
und das kommt auch nicht alle Tage vor,
wir werden kalt, wir werden uns verfärben,
und jemand kommt und wird uns dann beerben.
Der Wind im Schädel pfeift uns aus dem Ohr.

Man hat uns unsre Hüte abgenommen,
und unsre Bäuche hat man aufgeschnitten,
wir haben davon nichts mehr mitbekommen,
erst sind wir steif und bleich davongeschwommen,
und später sind wir tief hinabgeglitten.

Der Nebel steigt, man hört das Wasser zischen,
am Montag sind wir leicht davongetrieben,
mit Schollen, Schratzen, Barschen, Schützenfischen,
die stumm und schnappend rasch vorüberwischen,
zerschlitzt und ausgenommen, wie beschrieben.

Zweidrittel dieser Welt vom Meer bedeckt,
das haben wir uns anders vorgestellt,
am Montag, eingeschlafen, blutbefleckt,
und aufgewacht, von Hunden abgeleckt.
Es ist schon so: Man steht bevor man fällt.

Das Gras, das dürre Gras ist abgebrannt,
die Sonne finster und der Regen rot,
das Land ist weggewischt, das ganze Land.
Der Mond schwillt auf, der Mond stößt an die Wand.
Laut ist das Leben, leise ist der Tod.

Die Kälte, die durch unsre Körper kriecht.
Der Kuchen, der auf unsrem Tisch verdirbt.
Und wir, mit einem Tuch auf dem Gesicht,
wir wissen, wie das dicke Ende riecht.
Der Mensch: Er lebt so lange bis er stirbt.

2002

Drei unvollständige Versuche das Leben zu beschreiben

1968/1995/2002

DRITTER UNVOLLSTÄNDIGER VERSUCH

Zweiunddreißig, Juni, nachts zwei Uhr,
als ich nass aus meiner Mutter fuhr,
als ich stumm aus meiner Mutter kroch,
aus dem einen in ein andres Loch,
aus dem Fleisch heraus hinein ins Leben,
sagte man zu mir: So ist das eben.

Im November nachts Zweitausendeins
lag ich nackt und aufgeschlitzt in Mainz,
tief im Blut und alle Tropfe tropften,
die Kanülen, die Katheter klopften,
alles floß hinein in das Plumeau,
und man sagt zu mir: Das ist halt so.

2002

Das Wetter von morgen

Terzinen

Am allerletzten Tag, ganz rechts, August,
kein Regen mehr, die Schirme eingezogen,
die Mützen fliegen fort im dicken Dust,

die Tüten fliegen und die Zeitungsbogen,
der Wind weht schwach bis mäßig aus Nordost,
die halbe Nacht ist schon davongeflogen.

Der Himmel knirscht, kein Rost, kein Bodenfrost.
Nur oben brennt das Ministerium,
und in der Ferne explodiert die Post.

Wann wie wo was weiß Gott weshalb warum,
ganz gleich, ganz bleich, ganz weich, ganz laut und ganz
ganz still, ganz schrill, der Sturm stülpt alles um,

und auf der Brücke heult die Ambulanz.
Das ist die kalte Zunge der Natur.
Das ist des Sommers nasser heißer Schwanz.

Am Sonntag gegen dreiundzwanzig Uhr.
Das Wasser brodelt in der Kochtopftiefe.
Es schwillt der Knopf an der Gardinenschnur.

Es schwankt und knickt der schornsteinlange schiefe
Elektromast, die Peitschenlampen schwanken,
der Bahnhof schwankt und dann schwankt der massive

Gemüseturm, das Kaufhaus und die Banken,
das dicke Ende ist nicht aufzuschieben,
die schlanken Damen schwanken auf den Planken,

September, montags, morgens gegen sieben.
Ich werde das Gedicht hier unterbrechen;
denn damit ist das Wetter jetzt beschrieben.

Von diesem Schluß wird man noch lange sprechen.

2003

Ein Abend eine Nacht
und ein Morgen in Gent

Zwei Damen kommen abends durch die Türen
in dem Hotel in Gent, in dem ich wohne.
Die eine mit Musik, die andre ohne.
Sie kommen und sie wollen mich berühren.

Ich höre das Geräusch von Tanzorchestern
in dem Hotel in Gent, dort aus der Tiefe.
Ich atme kaum, es ist als ob ich schliefe.
Und vor dem Fenster schwillt der Mond von gestern.

Ein Korken knallt und dann knallt noch ein Korken.
Es ist zur Zeit wie in den alten Zeiten.
Man sieht die beiden Damen sich entkleiden.
Die Nacht vergeht, es folgt der nackte Morgen.

Zwei Damen stehen morgens neben mir
am Bett in Gent, zum Gehen fest entschlossen.
Im nächsten Bild sind sie davongeflossen.
Ich stehe auf und hole mir ein Bier.

2004

Das nordamerikanische Herumliegen

Ein Fischer, ein Forscher, ein Farmer,
ein Geiger, ein Dirigent,
ein reicher Friseur und ein armer,
die liegen in Maryland.

Ein Koch liegt am Rand von Montana,
ein Fleischer liegt bleich in Vermont,
ein Heizer in Louisiana,
schwarz hinter dem Horizont.

In Oregon liegt ein verletzter
Konditor, in Tennessee
ein Doktor, ein ganz entsetzter
Doktor der Philosophie.

In South Carolina ein spitzer
Dentist, in Kentucky, ganz matt,
ein Makler. Ein Nachtclubbesitzer
liegt platt in Connecticut.

In Illinois liegt ein Vertreter
in seinem Hotel in der Nacht,
und dieser Vertreter wird später
im Liegen ums Leben gebracht.

In Maine liegt ein Autoverkäufer.
In Michigan liegt ein Bankier.
Ein Wirt und ein Langstreckenläufer
die liegen in Texas im Schnee.

In Georgia ein Reiseleiter.
In Oklahoma ein Lord.
In Florida undsoweiter.
In Washington undsofort.

Ein Dunst liegt über Dakota,
und über Nevada liegt Rauch
und Qualm über Minnesota.
Am Ende liege ich auch.

2005

Klöße und Gesang

Das war ein Tag von ziemlich vielen Tagen,
er war nicht schlecht, jawohl, das kann man sagen.
Wir überschlagen jetzt die nächsten Jahre,
es wächst das Gras, es wachsen uns die Haare.
Wir stehen auf, wir steigen in die Kleider.
Auf Wiedersehn – und morgen sehn wir weiter.

2005

Am Samstag im September vor drei Jahren

Der Berg das Dach der Gang der Wind das Zimmer,
das Zimmer warm, der Wind, der Wind, der Gang,
der Gang ist grau und lang, der Gang ist lang,
der Berg ist hoch, das Dach ist flach – wie immer.

Es gibt so gut wie nichts mehr zu berichten.
Fett hängt der Himmel fett herab wie Speck.
Und vor den Fenstern liegt und fliegt der Dreck,
die schwarzen Vögel schwirren aus den dichten

verwachsenen Gebüschen, aus den Teichen,
aus den verschlammten Teichen steigt der Rauch,
der Nebel schluckt den Berg und seinen Bauch.
Der Himmel dampft und dünstet und dergleichen.

Der Himmel schwillt, der Himmel ist geschwollen,
der Himmel hängt herab wie zu Beginn,
der Himmel knirscht, der Himmel legt sich hin,
er schluckt das Dach mit einem eindrucksvollen

Geräusch, das Dach, er wird das Dach zerkauen.
Der Mond, er fällt herunter wie ein Stein,
und danach bricht die Dunkelheit herein.
Die Männer liegen stumm auf ihren Frauen.

Mehr nicht, die Nacht ist kalt und zugefroren,
und auf den Straßen hört man den Verkehr,
und etwas später hört man gar nichts mehr,
nur noch das weiche Rauschen in den Rohren.

Der hohe Berg, das flache Dach, das waren
der lange Gang, das Zimmer und der Wind.
Der Tag ist um, der nächste Tag beginnt,
am Samstag im September vor drei Jahren.

2005

Im Zustand vergrößerter Ruhe

Ihr Leute, die ihr liebt, was euch gefällt,
und was ihr seht und manchmal was ihr hört,
und alles was euch nicht beim Schlafen stört,
das Bier, das man in eure Nähe stellt,

die Ringkampfkunst, die Schönheit dieser Stelle,
das Rauchcoupé mit nächtlichen Zigarren,
das Bumshotel, in dem die Betten knarren,
und das Verstummen der Musikkapelle.

Die nackten Körper dort mit Einkaufstüten,
mit Reisekoffern und mit Kaffeekannen,
in Bodenkammern und in Badewannen,
und unter den gewölbten Damenhüten.

Ihr lieben Leute, die ihr das so liebt,
und die ihr euch dann zueinanderlegt,
und lebt und schwebt und bebt und euch bewegt
und alles andre, was es sonst noch gibt,

das Mus, den Mund, den Mond, den Mann, die Frau,
den Fisch, das Fleisch, die Haut, das Kraut, den Kloß,
das Dach, die Wand, den Wind, den Wald, das Moos.
Das eine aber wissen wir genau:

In einer Grube in gekrümmter Lage,
von Erde ganz und insgesamt bedeckt,
bemerken wir, wie schlecht die Erde schmeckt,
ihr Leute, jetzt, am Ende unsrer Tage.

2005

Abschied mit Zigarren

Das war der Fall, das waren die Berichte,
und alles, was hier aufgeschrieben ist,
am Montag, nachts, im harten Lampenlichte,
damit man es in Zukunft nicht vergißt,

wird nun von uns beendet mit Gewalt.
Wenn es so ist, dann ist es eben so.
Es ist jetzt ziemlich kalt hier im Büro,
ganz kalt, ganz kalt, wenn auch nicht ganz so kalt.

Wir können uns die letzten Worte sparen,
dann also bis zum übernächsten Jahr.
Ich hoffe, es wird bleiben wie es war,
mit hartem Schnaps, mit dampfenden Zigarren.

Im Osten ist es kühler als im Westen,
im Süden ist es schwüler als im Norden,
bis einer kommt und legt uns in die festen
die letzten Kisten mit den letzten Worten.

Die Welt gefriert. Wir wissen jetzt Bescheid.
Die Welt verdampft, sie kocht, sie schäumt vor Wut.
Die Welt ist heiß und kalt, und das ist gut.
Soviel zur Welt, soviel zur Wirklichkeit.

2005

Siehe oben. Siehe unten

Wer nicht mehr stehen kann, mein Herr, bleibt liegen.
Und wer nicht gehen kann, meine Herr, bleibt stehn.
Was man nicht sagen kann, das wird verschwiegen.
Und wer nicht schweigen kann, mein Herr, muß gehn.

Der Mond steht still dort drüben an der Wand,
und auf dem Tisch der Mond mit seinen Knoten,
und auf den schwarzen Schloten und am Rand,
dort auf dem Boden und auf den Kommoden.

Der Mond fällt nicht herab, der Mond fällt nicht,
der Mond ist weich, der Himmel ziemlich rot.
Ich halte meine Hand vor das Gesicht.
Man lebt nur einmal und dann ist man tot.

2006

Alphabetisches Verzeichnis der Gedichte

21 Uhr. Bahnhofsrestaurant.
  Ende des ersten Tages (1965) 163
Ab nach Amerika (1979) 208
Abschied mit Zigarren (2005) 251
Abschließende Bemerkungen 82
Achtung, wir werden beobachtet (1977) 139
Alles andere später (1978) 144
Alles andre: ungewiß (1971) 187
Allgemein und insgesamt gesehen (1968) 177
Am Ende des vergangenen Abends (1962) 159
Am Rande des Meeres (1959) 152
Am Samstag im September vor drei Jahren (2005) ... 247
An einem kalten Abend im November (1961) 157
Anfang achtzig
Die Vernichtung der Langeweile durch Musik (1980) 212
Anfang Mitte Ende (1971) 185
Anfang und Ende in Z (1982) 214
Ankunft in Basel 21 Uhr 40 (1966) 170
Aus dem Inneren des Mundes (1965) 164
Bei der zufälligen Betrachtung des Mondes
  im April (2001) 234
Bei Einbruch der Dunkelheit (1973) 196
Damen und Torten in einer Parklandschaft (1974) ... 199
Dämmerungserscheinungen 80
Das Aufquellen, das Fortfließen und noch etwas 39
Das beinahe unbemerkte Verschwinden des
  Donnerstags (1959) 154
Das Ende der Betrachtung 75

Das Ende der Gemütlichkeit (2002) 236
Das Geräusch und das Gewicht des Lichts 65
Das kurze und das lange Lachen 36
Das nordamerikanische Herumliegen (2005) 244
Das ungeheuer langsame Leben in Frankfurt-Ost
  (1973) 194
Das unwahrscheinlich schöne SCH und der Abschied
  von Schanghai (2002) 235
Das Wetter hauptsächlich (1956) 147
Das Wetter von morgen (2003) 241
Das Wort, das Loch, das Meer (1975) 200
Der Autor verläßt den Boden der Tatsachen und
  zieht nach Mainz (1973) 198
Der Dosendeckel und der Dosenboden 32
Der Regen von oben (1998) 230
Die dicke Suppe *oder* Moll ändert sein Leben und
  ändert es gleich wieder (1959) 153
Die Empfindlichkeit des Mondes und des
  Mundes (1972) 190
Die Entwicklung des Zusammenhangs 83
Die große Ruhe der Weltkörper (1967) 176
Die lasterhaften Straßen von Berlin (1971) 189
Die letzte Woche im März (1993) 220
Die nächtlichen Ereignisse im Winter 79 (1979) 207
Die Tiefe des Bieres (1961) 156
Die Veränderung der gesellschaftlichen Verhältnisse
  in Baden-Baden (1967) 175
Die Verwirrung wächst im Oktober 62 (1962) 161
Die Worte die Worte und andere Worte 34
Doktor Pfeifers Reisen
  Ein Vers-Epos in 40 Umdrehungen (2006) 85

Drei kleine Nachtgedichte 149
  1. Brot und Braten (1958) 149
  2. Das verlorene Ohr und andere Behauptungen
     (1958) 150
  3. Der Eierkuchen des Zauberers (1958) 151
Drei unvollständige Versuche das Leben zu
beschreiben
  ERSTER UNVOLLSTÄNDIGER VERSUCH (1968) 180
  ZWEITER UNVOLLSTÄNDIGER VERSUCH (1995) 224
  DRITTER UNVOLLSTÄNDIGER VERSUCH (2002) 240
Ein Abend eine Nacht und ein Morgen in Gent
(2004) 243
Eine ziemlich unübersichtliche Lage 31
Einige unnötige Andeutungen über irgendetwas
(2002) 238
Erfreuliche Neuigkeiten (1983) 217
Erstes Stück des letzten Teils 15
Fünf Kalendergedichte (1980) 209
Gebratenes Sonett (1980) 211
Gemüsegedicht (1993) 223
Gesang beim Aufhängen nasser Wäsche (1968) 179
Ich verschaffe mir eine kleine Erleichterung und
  gehe ein Stück spazieren (1966) 171
Im Bereich eines Tiefdruckgebietes (1986) 219
Im Süden von Frankfurt am Main (2000) 232
Im Zustand vergrößerter Ruhe (2005) 249
In Bornheim, aus dem Fenster hinausgesprochen
(1973) 192
In Offenbach stürzt eine Dame zu Boden (1969) 182
Klöße und Gesang (2005) 246
Leichtes Schneien in St. Gallen (1965) 165

Meine Damen und Herrn (1956) 148
Miss Molly Mann (1998) 228
Mitteilung an den Bürgermeister von Bad Orb (1977) 206
Moll oder der tiefe Tod in O (1997) 226
Montag 20 Uhr 30 (1999) 231
Musik und Einsamkeit 78
Nach dem Öffnen des sechsten Bieres im Mai (1973) 197
Nächtliche Bahnhofsgeräusche (1966) 172
Neunzehnhundertneunzig im August 62
Nichts (1969) 181
Nichts Neues. Wenigstens auf den ersten Blick
  (1965) 166
Notwendige Betrachtungen in der Nähe der Welt
  (1960) 155
Oben in Ober-Olm (1982) 216
Oben unten rechts und links 22
Q erscheint im richtigen Moment und findet seine
  Fassung wieder (1977) 130
Q kommt an. Er kann sich über eine kurze Strecke
  fortbewegen und bleibt dann stehen (1977) ... 141
Q kommt später als vorgesehen und verschwindet
  in den Straßen von Kaiserslautern (1977) 134
Q macht eine Reise ans Meer und vergißt seinen Hut
  (1977) 136
Q macht einen erschöpften Eindruck und sagt nichts
  (1977) 138
Q sitzt rauchend im Sessel und versucht, die Welt
  von ihrer heiteren Seite zu betrachten (1977) .. 132
Q spricht jetzt über das Fallen (1977) 142
Q steht auf und gibt einen abschließenden Bericht
  zur Lage (1977) 135

Q und die Stimmung im allgemeinen (1977) 131
Q zeigt ein ungewöhnliches Maß an Zurückhaltung
  und macht sich seine eigenen Gedanken (1977) . . . 129
Roaringwater Bay (1971) 188
Schlechte Stimmung im Süden (1982) 215
Schwierigkeiten auf dem Weg nach Süden (1970) 183
Sechs Damen aus Ober-Olm (1993) 222
Siebzehn Tage unterwegs oder achtzehn Tage
1. Lange Fassung (1966) 167
Siebzehn Tage unterwegs oder achtzehn Tage
2. Kürzere Fassung (1966) 168
Siebzehn Tage unterwegs oder achtzehn Tage
3. Noch kürzere Fassung (1966) 169
Siehe oben. Siehe unten (2006) 252
Überfrierende Nässe (1967) 174
Verschiedenes (1972) 191
Vier Herren waren auf ein Bier gegangen (1961) 158
Vier Männer in Mänteln (1985) 218
Vorgänge, Bewegungen und Geräusche in, ich glaube,
  Wolverhampton 1. (1976) 201
Vorgänge, Bewegungen und Geräusche in, ich glaube,
  Wolverhampton 2. (1976) 202
Vorgänge, Bewegungen und Geräusche in, ich glaube,
  Wolverhampton 3. (1976) 203
Vorgänge, Bewegungen und Geräusche in, ich glaube,
  Wolverhampton 4. (1976) 204
Vorgänge, Bewegungen und Geräusche in, ich glaube,
  Wolverhampton 5. (1976) 205
Waldmann beantwortet einige Fragen im Radio 60
Waldmann beobachtet das Herabfallen, macht sich
  aber keine Sorgen 27

Waldmann hat keine Zeit für Katastrophen, nimmt
   seinen Koffer und geht 29
Waldmann hat sich auf den Kopf gestellt 58
Waldmann schreibt mit seiner rechten Faust
   Geschichte 24
Waldmann und der nasse Tod im Süden 17
Waldmann und die Witwe. Letzter Versuch 68
Waldmann und ich, eine ziemlich kurze Begegnung .. 37
Waldmann verläßt die Heimat, bezieht ein Hotel,
   ändert seine Gewohnheiten und muß mit dem
   Schlimmsten rechnen –
   Eine Entwicklung in 10 Teilen 43
Waldmann widmet sich der Eisenbahn 20
Waldmann wird aufgeschlitzt und lebt weiter 71
Waldmanns letzte Rede auf der Versammlung der
   Kohlenhändler in Marl 55
Zwei Herren am Abend (1962) 160

Ror Wolf bei Schöffling & Co.

Ror Wolf
Zwei oder drei Jahre später
Neunundvierzig Ausschweifungen
200 Seiten. Gebunden.
ISBN 978-3-89561-321-0

»Selten ist in deutscher Literatur der scheinbar tragfeste Grund traditioneller Erzählweise so erdbebenartig erschüttert worden.«
Rolf Michaelis, DIE ZEIT

»Es ist ein Vergnügen, diesen Vexierstücken zu folgen. Nichts wird man am Ende in der Hand haben, dafür entschädigt ein hellwaches Gefühl im Kopf.«
Der Spiegel

»Lauter wunderbar irritierende Geschichten.«
Martin Zingg, Frankfurter Rundschau

Ror Wolf bei Schöffling & Co.

Ror Wolf
Raoul Tranchirers Bemerkungen über die Stille
Mit zahlreichen farbigen Collagen
160 Seiten. Gebunden.
ISBN 978-3-89561-319-7

»Es gilt den Abschluß einer Unternehmung anzuzeigen, die in der deutschen Literatur ihresgleichen nicht kennt: Nach zweiundzwanzig Jahren hat Ror Wolf einen Schlußpunkt unter ›Raoul Tranchirers Enzyklopädie für unerschrockene Leser‹ gesetzt. Das ist mehr als bedauerlich, führt es doch unweigerlich zu der Frage, was eigentlich mit der Welt passieren soll, wenn sie nicht mehr von Raoul Tranchirer beobachtet, erforscht, beschrieben und beraten wird.«
Hubert Spiegel, Frankfurter Allgemeine Zeitung

»Der Leser ist aufs Neue beglückt und ruft nach einer Zugabe, schenkt Collunder keinen Glauben, der im Schlußwort das unwiderrufliche Ende von Raoul Tranchirers Welterklärungen verkündet.«
Maja Rettig, taz

Ror Wolf bei Schöffling & Co.

Ror Wolf
Raoul Tranchirers vielseitiger großer Ratschläger für alle Fälle der Welt
Mit über 200 Abbildungen nach Collagen von Ror Wolf
408 Seiten. Gebunden. Lexikonformat.
ISBN 978-3-89561-315-9

»Ein barockes Opus magnum.«
Hessischer Rundfunk

»Herrlich gestaltet und voll umwerfender Komik, illustriert mit über 200 zauberhaften Collagen. Alles in allem ein Wunderwerk deutschsprachiger Dichtkunst.«
ORF

»In jedem ordentlichen Haushalt, der über seine Ordentlichkeit hinaus weitere Orientierung wünscht, wird der Ratschläger beifällige Aufnahme finden.«
Berliner Zeitung

Ror Wolf bei Schöffling & Co.

Ror Wolf
Leben und Tod des Kornettisten
Bix Beiderbecke aus Nord-Amerika
Radio-Reisen
286 Seiten. Klappenbroschur. Mit CD.
ISBN 978-3-89561-317-3

Ausgezeichnet mit dem Hörspielpreis der Kriegsblinden

»Ein berauschend schönes Buch.«
Frankfurter Rundschau

»Ein wunderbar melancholischer Schlußaccord für das poetische Hörspiel der 50er und 60er Jahre.«
Bayerischer Rundfunk

»Es gibt kein traurig-schöneres Hörspiel über den Jazz, das die Gehörgänge zärtlicher mit Butter auspinselt, auf das einem warm wird ums Trommelfell.«
Falter

Ror Wolf bei Schöffling & Co.

Limitierte Vorzugsausgaben in Ganzleder

Ror Wolf
Raoul Tranchirers vielseitiger großer Ratschläger für alle Fälle der Welt

In 100 numerierten und handsignierten Exemplaren.
Mit einer Original-Collage des Autors als Beilage
Ganzleder in bezogenem Schuber
408 Seiten. Gebunden.
ISBN 978-3-89561-316-6

Ror Wolf
Pfeifers Reisen
Gedichte
In 75 numerierten und handsignierten Exemplaren.
Ganzleder in bezogenem Schuber
264 Seiten. Gebunden.
ISBN 978-3-89561-322-7

»Ror Wolf ist einer der wichtigsten deutschen Schriftsteller der Gegenwart.«
Brigitte Kronauer